Wirtschaftsförderung in Lehre und Praxis

Weitere Bände in dieser Reihe
http://www.springer.com/series/15091

Herausgeber:

André Göbel
FB Verwaltungswissenschaften
Hochschule Harz
Halberstadt, Deutschland

Die Buchreihe ergänzt das Studium der Wirtschaftsförderung an der Hochschule Harz und wurde unter der Leitung von Professor Dr. André Göbel in enger Kooperation mit Partnern aus der Wissenschaft und Praxis entwickelt. In einem modularen Aufbau werden Grundlagen-, Methoden- und Schlüsselkompetenzen vermittelt. Neue Bedingungen im kommunalen, regionalen und internationalen Standortwettbewerb erfordern eine moderne Verwaltungsinfrastruktur mit ausgezeichnet qualifiziertem Nachwuchs an Fach- und Führungspersonal. Eine hohe Serviceorientierung, effektive Methoden und Technologien und eine immer stärkere Verzahnung mit der kommunalen Entwicklung prägen das Bild der heutigen Wirtschaftsförderung. Als Bindeglied zwischen Verwaltungen und Unternehmen bieten Wirtschaftsförderungen ein vielseitiges Tätigkeitsfeld. Buchreihe und Zertifikatskurs richten sich an MitarbeiterInnen aus der Wirtschaftsförderung, der kommunalen Verwaltung sowie an politische Mandatsträger und an Interessierte aus ähnlichen Berufsfeldern.

Jürgen Bunde

Neue Technologien in der Wirtschaftsförderung

Grundlagen für die Praxis

Unter Mitarbeit von Michael Hauschild

Jürgen Bunde
GEFAK mbH
Marburg, Deutschland

Wirtschaftsförderung in Lehre und Praxis
ISBN 978-3-658-12466-3   ISBN 978-3-658-12467-0 (eBook)
DOI 10.1007/978-3-658-12467-0

Die Deutsche Nationalbibliothek verzeichnet diese Publikation in der Deutschen Nationalbibliografie; detaillierte bibliografische Daten sind im Internet über http://dnb.d-nb.de abrufbar.

Springer Gabler
© Springer Fachmedien Wiesbaden 2016
Das Werk einschließlich aller seiner Teile ist urheberrechtlich geschützt. Jede Verwertung, die nicht ausdrücklich vom Urheberrechtsgesetz zugelassen ist, bedarf der vorherigen Zustimmung des Verlags. Das gilt insbesondere für Vervielfältigungen, Bearbeitungen, Übersetzungen, Mikroverfilmungen und die Einspeicherung und Verarbeitung in elektronischen Systemen.
Die Wiedergabe von Gebrauchsnamen, Handelsnamen, Warenbezeichnungen usw. in diesem Werk berechtigt auch ohne besondere Kennzeichnung nicht zu der Annahme, dass solche Namen im Sinne der Warenzeichen- und Markenschutz-Gesetzgebung als frei zu betrachten wären und daher von jedermann benutzt werden dürften.
Der Verlag, die Autoren und die Herausgeber gehen davon aus, dass die Angaben und Informationen in diesem Werk zum Zeitpunkt der Veröffentlichung vollständig und korrekt sind. Weder der Verlag, noch die Autoren oder die Herausgeber übernehmen, ausdrücklich oder implizit, Gewähr für den Inhalt des Werkes, etwaige Fehler oder Äußerungen.

Lektorat: Stefanie Brich

Coverdesign: deblik Berlin unter Verwendung der Grafik der © Hochschule Harz

Gedruckt auf säurefreiem und chlorfrei gebleichtem Papier

Springer Gabler ist Teil von Springer Nature
Die eingetragene Gesellschaft ist Springer Fachmedien Wiesbaden GmbH
Die Anschrift der Gesellschaft ist: Abraham-Lincoln-Strasse 46, 65189 Wiesbaden, Germany

Reihenvorwort des Herausgebers

Prof. Dr. André Göbel
(Foto: Hochschule Harz)

Der vorliegende vierte Band in der Schriftenreihe zur „Wirtschaftsförderung in Lehre und Praxis" soll einen Beitrag zur weiteren Professionalisierung der kommunalen Wirtschaftsförderung im deutschsprachigen Raum leisten. Die Schriftenreihe ist dabei prominent eingebettet in die Entwicklungen und angewandt-wissenschaftlichen Auseinandersetzungen beteiligter Forscherinnen und Forscher am Fachbereich Verwaltungswissenschaften der Hochschule Harz auf dem Campus Halberstadt in Sachsen-Anhalt.

Der Forschungs- und Ausbildungsbereich zur Wirtschaftsförderung ist ein interdisziplinärer Themencluster mit starkem Bezug zur öffentlichen Verwaltung. Am Fachbereich Verwaltungswissenschaften der Hochschule Harz wird dieser Themencluster unter anderem als eigenständiger Forschungsschwerpunkt intensiv bearbeitet. Der junge Fachbereich entstand durch die Externalisierung der nicht-technischen Ausbildung zum gehobenen Verwaltungsdienst in Sachsen-Anhalt im Jahre 1997 – ein damaliges Innovationsmodell zur Öffnung der Verwaltungsausbildung und Überführung in eine öffentliche Hochschule. Bis heute wird diese Vorgehensweise als „Halberstädter Modell" bezeichnet und wurde in späteren Jahren auch von anderen deutschen Bundesländern umgesetzt (Bundesvereinigung Hochschullehrerbund 1998, S. 21). Diese Öffnung der Ausbildung ließ erstmals eine breitere Denomination der Professuren und damit auch eine Ausweitung der Ausbildung zu. Mit der Berufung des heutigen Dekans Prof. Dr. Stember auf die Professur für Verwaltungswissenschaften im Jahre 1999, folgte ein erfahrener Wirtschaftsförderer dem Ruf an die Ausbildungsstätte im Harz. Auch durch andere Kolleginnen und Kollegen wurden immer wieder Themen der kommunalen Wirtschaftsförderung in die Ausbildung integriert.

Aus diesem Nukleus heraus entstanden erste Forschungsprojekte bis hin zum Aufbau des heute bundesweit viel beachteten Labors für angewandte IT in der Wirtschaftsförderung. Dieses „Wirtschaftsförderungslabor" (WiföLAB) führt inzwischen vertraglich mehr als 50 kommunale Wirtschaftsförderungen und die deutschen Markführer von System- und Beratungslösungen für Wirtschaftsförderungen als Partner zusammen. Hier werden seit dem Jahr 2011 in einer einzigartigen Gemeinschaft neue Methoden und Technologien im Anwendungsfeld der Wirtschaftsförderung analysiert, diskutiert und im Praxiseinsatz erprobt. Hinzu kam im Jahr 2013 der Aufbau eines zugehörigen Lehrlabors zur besseren Verzahnung von Forschung und Ausbildung (vgl. Göbel 2014).

Diese Leistungen wurden durch eine erfolgreiche Teilnahme am Wettbewerb „Aufstieg durch Bildung: offene Hochschulen" honoriert. Hierdurch werden seit 2014 mit Förderung des Bundesministeriums für Bildung und Forschung, kofinanziert durch die Europäische Union mit Mitteln des Europäischen Sozialfonds, erste Zertifikatskurse zur berufsbegleitenden Weiterbildung in der Wirtschaftsförderung realisiert. Mit großem Bestreben werden ab dem Wintersemester 2016/2017 diese geförderten Weiterbildungsangebote nachhaltig zu einem berufsbegleitenden und modular angebotenen Zertifikats- und Masterstudium an der Hochschule Harz zusammengeführt. Hierdurch möchte die Hochschule Harz der bestehenden Nachfrage gerecht werden, welche die vorliegenden Anfragen und die bisherigen Teilnehmer von der Geschäftsführungsebene bis zur Sachbearbeitung bestätigen.

Um diesen Ausbildungsbeitrag zur Professionalisierung des Berufsbilds der Wirtschaftsförderinnen und Wirtschaftsförderer weiter zu stärken, werden mit der vorliegenden Schriftenreihe die gewonnenen Erkenntnisse aus Lehre und Praxis sowohl als Printmedium sowie auch in Form von digitalen Auszügen über moderne Kommunikationskanäle verfügbar gemacht. Die aktuell in sehr kurzen Zyklen produzierten Bände dieser Schriftenreihe folgen dem modularen Ausbildungsziel des oben genannten Zertifikatsstudiums an der Hochschule Harz. In diesem Rahmen werden je vier Bände mit dem Schwerpunkten Verwaltungswissenschaft, Geographie/Raumplanung sowie Wirtschaftswissenschaft entwickelt und in kurzen Abständen veröffentlicht. Somit soll eine modulare Weiterbildung für aktuell häufig vertretene Berufsgruppen in der kommunalen Wirtschaftsförderung ermöglicht werden. Hierzu gehören vor allem Geographinnen und Geographen mit möglichen Weiterbildungsbedarfen in Verwaltung und Wirtschaft; Soziologinnen und Soziologen sowie Studierende mit einem Abschluss in den Verwaltungswissenschaften mit jeweiligen Weiterbildungsbedarfen in Geographie und Wirtschaft; sowie Studierende der Volks- oder Betriebswirtschaft mit denkbaren Weiterbildungsbedarfen in Verwaltung und Geographie. Diese Bedarfe sollen mit der vorliegenden Schriftenreihe zur Wirtschaftsförderung in Lehre und Praxis aufgenommen und bearbeitet werden. Gleichermaßen gelten alle nachfolgenden Kernveröffentlichungen gleichzeitig als Basislektüre für das Weiterbildungsangebot zur Wirtschaftsförderung an der Hochschule Harz. Die vorliegende Schriftenreihe umfasst dabei perspektivisch folgende Bände:

Im Spektrum „Verwaltungswissen für Wirtschaftsförderer" erscheinen:

- Grundlagen der Wirtschaftsförderung
- Steuerung, Methoden und Netzwerke in der Wirtschaftsförderung

- Serviceorientierte Verwaltung und Wirtschaftsförderung
- Neue Technologien in der Wirtschaftsförderung

Zum Themencluster „Geographie und Raumplanung für Wirtschaftsförderer" erscheinen:

- Entwicklung und Regionalökonomie in der Wirtschaftsförderung
- Wissen- und Innovationsgeographie in der Wirtschaftsförderung
- Standortmanagement in der Wirtschaftsförderung
- Standortmarketing in der Wirtschaftsförderung

Im Bereich „Wirtschaftswissen für Wirtschaftsförderer" werden aktuell vorbereitet (Arbeitstitel):

- Existenzgründung und Existenzförderung in der Wirtschaftsförderung
- Unternehmensfinanzierung und -förderung aus Sicht der Wirtschaftsförderung
- Innovationsmanagement in Unternehmen aus Sicht der Wirtschaftsförderung
- Unternehmensführung und Wandel aus Sicht der Wirtschaftsförderung

Neben diesen Aspekten werden auch Querschnittsthemen in die Reihe einfließen, wie zum Beispiel aktuelle Themen der Strategieentwicklung zur Organisation der Wirtschaftsförderung und weitere Aspekte.

Mit all diesen thematischen Facetten soll ein Beitrag zur breiten öffentlichen Diskussion über die Chancen der Professionalisierung sowie über die notwendigen Kompetenzen, Ausstattungen und künftigen Aufgaben der kommunalen Wirtschaftsförderung geleistet werden. Ich freue mich daher Ihnen als Leserin und Leser nun gemeinsam mit Dr. Jürgen Bunde diesen Übersichtsband zur „Neue Technologien in der Wirtschaftsförderung" in der Schriftenreihe zur Wirtschaftsförderung in Lehre und Praxis anbieten zu können. Wir freuen uns auf Ihre Rückmeldungen und wünschen Ihnen eine angenehme Lektüre.

Ihr

Prof. Dr. André Göbel
Vertreter der Professur für Verwaltungsmanagement und Wirtschaftsförderung, Hochschule Harz Leiter der Labore für angewandte IT in der Wirtschaftsförderung

Literatur

Bundesvereinigung Hochschullehrerbund 1998: Halberstädter Modell der FH Harz ist bundesweit einzigartig. Die neue Hochschule Jg. 39 (1998), H. 1

Göbel, André 2014: Möglichkeiten einer gezielten Förderung der Zusammenarbeit von Hochschulen, Wirtschaft und Verwaltung. Darstellung am Beispiel des Aufbaus eines Innovationslabors für Wirtschaftsförderung an der Hochschule Harz. In: Lück-Schneider, Dagmar; Kraatz, Erik: Kompetenzen für zeitgemäßes Public Management. HWR Forschung Bd. 56/57. Edition Sigma Verlag.

Inhaltsverzeichnis

1 **Einführung** 1
   1.1 Problemhintergrund und Aktualität 1
   1.2 Ziele des Moduls und Ausrichtung 2
   1.3 Strukturierungen und Navigationshinweise 3
   Literatur 3

2 **Baustein 1: Informationsgrundlagen der Wirtschaftsförderung** 5
   2.1 Verfügbare Datenbanken und Informationsquellen der Wirtschaftsförderung 6
      2.1.1 Kennzeichnung des Standorts und Bestimmung der Standortqualität 6
      2.1.2 Informationen zur Branchen- und Beschäftigtenstruktur 17
      2.1.3 Vorhandene Datenbanken oder Quellen zur Erfassung von betriebsindividuellen Informationen 27
   Literatur 33

3 **Baustein 2: Einsatz von Informationssystemen in der Wirtschaftsförderung** 35
   3.1 Ziele bei der Einführung von Informationssystemen 36
   3.2 Zu beteiligende Akteure oder Institutionen beim Aufbau von Informationssystemen 39
   3.3 Wandel in der Bedeutung der Aufgabenfelder der Wirtschaftsförderung und Konsequenzen für das Datenmanagement 44
   3.4 Art von genutzten Informationssystemen 47
   3.5 Einführung von Informationssystemen 48
   3.6 Ziele beim Einsatz von Informationssystemen 50
   Literatur 53

4 **Baustein 3: Einsatz von CRM-Systemen in der Wirtschaftsförderung** 55
   4.1 Unternehmensdatenbank 56
   4.2 Kontaktebereich 59

	4.3	Dokumentation der Arbeitsprozesse	60
		4.3.1 Existenzgründer beraten	61
		4.3.2 Ansiedlung begleiten	62
		4.3.3 Veranstaltungen organisieren	68
		4.3.4 Serienbriefe versenden	71
	4.4	Flächenmanagement im CRM	72
	4.5	Verknüpfung von Unternehmensdaten der CRM-Systeme mit Internetportalen	76
	Literatur		93
5	**Baustein 4: Mögliche Wege zur Verbesserung des Kontaktmanagements**		**95**
	5.1	Schriftliche Unternehmensbefragungen	96
	5.2	Online-Befragungen	98
	5.3	Social Media	100
	5.4	Businessportale	105
	Literatur		106
6	**Baustein 5: Kennziffern der Wirtschaftsförderung**		**107**
	6.1	Kennziffern als Ergebnis des Informationsmanagements	107
	Literatur		112
7	**Baustein 6: Verbindung mit anderen Programmen/ Informationssystemen in der Verwaltung**		**113**
	7.1	Geographische Informationssysteme	113
	7.2	Ansätze von ämterübergreifenden Informationssystemen	117
	Literatur		119
8	**Baustein 7: Regionale Wissensmanagementsysteme**		**121**
	Literatur		123
9	**Gesamtresümee und Abschlusskontrolle**		**125**
	9.1	Kontrollfragen	127
Weiterführende Literatur			**129**

Einführung 1

Zusammenfassung

Die Wirtschaftsförderung hat in den letzten beiden Jahrzehnten in zweierlei Hinsicht einen erheblichen Wandel erfahren. Ein wichtiger Trend besteht darin, dass die Wirtschaftsförderung immer stärker als Dienstleistung gesehen wird und die in der Wirtschaftsförderung tätigen Personen sich intensiv zu Projekt- und Prozessmanagern entwickeln müssen. Die Aufgaben der Wirtschaftsförderer als „Schnittstelle" zwischen Verwaltung und Unternehmen werden zunehmend in der Organisation von Netzwerken, in der Kommunikation mit den in einer Region tätigen wirtschaftlichen Akteuren (Verwaltung, kommunale Organisationen, Unternehmen, Wissenschaft, Bürgern) und in der Moderation von Prozessen gesehen. Dem Wirtschaftsförderer kommt damit eine erheblich aktivere und öffentlichkeitswirksamere Rolle zu als früher.

Gleichzeitig zu dieser *institutionellen* und *personellen* Entwicklung haben sich im Bereich der neuen Technologien Möglichkeiten aufgetan, mit denen das Informationsmanagement in der Wirtschaftsförderung revolutioniert worden ist. Mit den Möglichkeiten von CRM-Systemen, des Web 2.0 und den Social Media sind Voraussetzungen entstanden, die den Wirtschaftsförderer überhaupt erst in die Lage versetzen, regional bedeutsame Prozesse professionell zu begleiten und voranzutreiben.

1.1 Problemhintergrund und Aktualität

Die gestiegenen Anforderungen an die Wirtschaftsförderung erfordern in gleicher Weise, dass sich die Akteure intensiv mit den neuen Techniken und den Entwicklungen im Informationsmanagement auseinandersetzen. Der wirtschaftliche Erfolg von Regionen wird auch zukünftig in einem hohen Maße von der Tatsache abhängen, inwieweit es gelingt, regionales Wissen zu generieren und dieses gleichzeitig einer großen Anzahl von regionalen Akteuren zu vermitteln.

Im Gegensatz zur Bedeutung dieses Themenbereichs für die Wirtschaftsförderung ist die wissenschaftliche Erschließung des Themas **Informationsmanagement** gering. Dieser Umstand ist auch der Tatsache geschuldet, dass sich die umwälzenden technologischen Veränderungen bei der Internetentwicklung und in gleichem Maße der rasanten Zunahme von Rechnerkapazitäten in einer so kurzen Zeitspanne ergeben haben. Mit dem vorliegenden Skript soll ein umfassender Überblick über die Informationsbedürfnisse der Wirtschaftsförderung, die Entwicklung der wichtigsten Technologien und über den Einsatz dieser Technologien in der Wirtschaftsförderung geliefert werden.

Für den Bereich **Verwaltungswissenschaften** im Rahmen des Master-Studiengangs **Wirtschaftsförderung** besitzt das Modul **Neue Technologien in der Wirtschaftsförderung** eine erhebliche Bedeutung. Nahezu alle Modulbestandteile in diesem Bereich benötigen eine solide Grundlage an Wissen und Daten. Mit der intelligenten Einbindung von vorhandenen Informationen und der effizienten Verbreitung von regionalen Informationen unter Nutzung der leistungsfähigsten technologischen Verfahren lassen sich im Standortwettbewerb deutliche Vorteile gegenüber konkurrierenden Regionen erzielen.

1.2 Ziele des Moduls und Ausrichtung

Die wesentlichen Ziele des Moduls **Neue Technologien in der Wirtschaftsförderung** bestehen zum einen darin, die für die Wirtschaftsförderung relevante erforderliche Bandbreite des Informationsmanagements aufzuzeigen. Mit der Darstellung dieser Grundlage soll vermittelt werden, dass die Verfügbarkeit über Informationen die entscheidende Basis für Entscheidungen und die strategische Ausrichtung der Wirtschaftsförderung bilden wird.

- Welche Daten und Informationen (zum Standort, zur Wirtschaftsstruktur, zu infrastrukturellen Voraussetzungen, zur Beschäftigungssituation usw.) werden in der Wirtschaftsförderung benötigt?
- Welche dieser Informationen liegen bereits in der Verwaltung bzw. bei anderen Akteuren (Statistische Landesämter, Bundesagentur für Arbeit, Unternehmensverbänden, privaten Anbietern o. a.) vor?
- Welche dieser Datenbanken bzw. bereits vorhandenen Informationen können von der Wirtschaftsförderung abgerufen bzw. über Schnittstellen in die eigenen Informationssysteme eingebunden werden?

Zum anderen soll mit diesem Modul das Verständnis dafür aufgebaut und entwickelt werden, welche Bedeutung den neuen Technologien (CRM-Systeme, Web 2.0, regionale Wissenssysteme) zukommt, um eine neue Qualität der Partizipation zu erreichen. Die Wirtschaftsförderung der Zukunft wird sich noch stärker auf die Anforderungen und Wünsche Ihrer Kunden ausrichten müssen.

- Welche Akteure müssen mit welchen Informationen versorgt werden?
- Welche Informationen benötigen Politik bzw. Verwaltung aus der Wirtschaftsförderung?

Regionalwissenschaftliche Studien haben den hohen Stellenwert betont, der funktionierenden Netzwerken, schnellerer Informationsbereitstellung und hoher Wissensverbreitung beigemessen werden kann. Wenn die Möglichkeiten der neuen Technologien erkannt worden sind und in der Praxis erfolgreich angewendet werden, bieten sich der kommunalen Wirtschaftsförderung enorme Potenziale für die Vernetzung der relevanten Akteure und zur Erfüllung ihrer neuen Aufgabenfelder.

1.3 Strukturierungen und Navigationshinweise

Mit diesem Skriptum werden die wichtigsten inhaltlichen Hinweise zum Thema **Neue Technologien in der Wirtschaftsförderung** gegeben. Mit den verschiedenen Abbildungen und Literaturangaben werden darüber hinaus Hinweise gegeben, wie Sie sich im Skriptum bewegen/navigieren können (Strukturierungshinweise).

Literatur

Die nachfolgenden Literaturhinweise geben einen Überblick über Bände oder Beiträge, mit denen ein grundsätzlicher Einstieg in das Themenfeld gewonnen werden kann.

Blume, L. (2003). *Kommunen im Standortwettbewerb*. Baden-Baden.
Gärtner, S., Terestriep, J., & Widmaier, B. (Hrsg.). (2006). *Wirtschaftsförderung im Umbruch*. München/Mering.
Grabow, B., Henckel, D., & Hollbach- Grömig, B. (1995). *Weiche Standortfaktoren*. Stuttgart/Berlin/Köln.
Göbel, A., Kindel, A., & Naumann, R. (2012). *Einführung von CMR- Software in Wirtschaftsförderungen – Betrachtung des Veränderungsmanagements Band 2 der Schriften zur Wirtschaftsförderung des Fachbereichs Verwaltungswissenschaften der Hochschule Harz*. Halberstadt.
Göbel, A., & Reichert, N. (2012). *Einsatz von Social Media Instrumenten in der kommunalen Wirtschaftsförderung* (Wifö-Wissen, Schriften zur Wirtschaftsförderung des Fachbereichs Verwaltungswissenschaften der Hochschule Harz, Bd. 3). Halberstadt.
Habbel, F. R., & Huber, A. (Hrsg.). (2010). *Wirtschaftsförderung 2.0 – Erfolgreiche Strategien der Zusammenarbeit von Wirtschaft, Verwaltung und Politik in Clustern und sozialen Netzwerken*. Boizenburg.
Kappas, M. (2011). *Geographische Informationssysteme*. Braunschweig: Westermann Verlag.
Kiese, M. (2013). *Standortfaktoren in der Wissensökonomie*. Vortrag im Geographischen Kolloquium. Tübingen.
Ottmann, M., & Lifka, S. (2010). *Methoden der Standortanalyse*. Darmstadt: WBG (Wissenschaftliche Buchgesellschaft).
Zwicker-Schwarm, D., Hollbach-Grömig, B., & Rechenberg, C. (2013). *Kommunale Wirtschaftsförderung 2012: Strukturen, Handlungsfelder, Perspektiven*. Berlin: Difu- Papers.

2 Baustein 1: Informationsgrundlagen der Wirtschaftsförderung

Zusammenfassung

Eine wesentliche Aufgabe der kommunalen Wirtschaftsförderung besteht darin, den regionalen oder lokalen Akteuren wirtschaftlich relevante Informationen zur Verfügung zu stellen. Als sogenannte **One-Stop-Agency** stellt die Wirtschaftsförderung die Schnittstelle zwischen Verwaltung, Unternehmen und weiteren regionalen Akteuren dar. Bei ihr sollen die Informationen gebündelt werden, die für die wirtschaftliche und soziale Entwicklung des Standorts bedeutsam sind. Mit der Bereitstellung der wichtigsten Informationen über den Standort werden die Wirtschaftsförderer zentraler Informationsdienstleister für ansässige Betriebe, Existenzgründer, ansiedlungswillige Unternehmen und Investoren.

Lernziele

Die Studierenden gewinnen Erkenntnis darüber, welche Informationsanforderungen die Wirtschaftsförderer aufgrund der unterschiedlichen Ansprüche der regionalen Akteure erfüllen müssen. Sie sind in der Lage, die zur Kennzeichnung eines Standorts relevanten Informationen und Indikatoren zu beschreiben. Außerdem erkennen sie den Stellenwert, der dem Informationsmanagement der Wirtschaftsförderung zukommt, um die Ansprüche unterschiedlicher Akteure zu erfüllen. Die Studierenden kennen die wichtigsten Informationsquellen für die erforderliche Datenbereitstellung.

2.1 Verfügbare Datenbanken und Informationsquellen der Wirtschaftsförderung

2.1.1 Kennzeichnung des Standorts und Bestimmung der Standortqualität

Die Kennzeichnung von Wirtschaftsstandorten und die Messung der Standortqualität werden insbesondere durch die Bestimmung der sogenannten harten und weichen Standortfaktoren vorgenommen. Zu den harten Standortfaktoren werden beispielsweise die Infrastrukturausstattung (Flächen, Breitbandverfügbarkeit, Straßen), der regionale Arbeitsmarkt, Kosten für Ver- und Entsorgung sowie Steuern und Abgaben gerechnet. Diese Standortfaktoren besitzen einen direkten Einfluss auf die betriebliche Produktionstätigkeit.

Demgegenüber sind die weichen Standortfaktoren dadurch gekennzeichnet, dass sie eher über einen indirekten Einfluss auf die unternehmerische Tätigkeit verfügen und stärker die Entscheidungsprozesse der Beschäftigten zur Standortwahl beeinflussen. Zu diesen Faktoren zählen Lebensqualität, Verfügbarkeit von sozialen und Freizeiteinrichtungen, Bildungs- und kulturelle Angebote, medizinische Versorgung oder das wirtschaftliche Klima in Regionen bzw. die Wirtschaftsfreundlichkeit von Kommunen. Im Gegensatz zu den harten Standortfaktoren sind sie viel schwerer messbar und unterliegen häufig subjektiven Einschätzungen (Abb. 2.1).

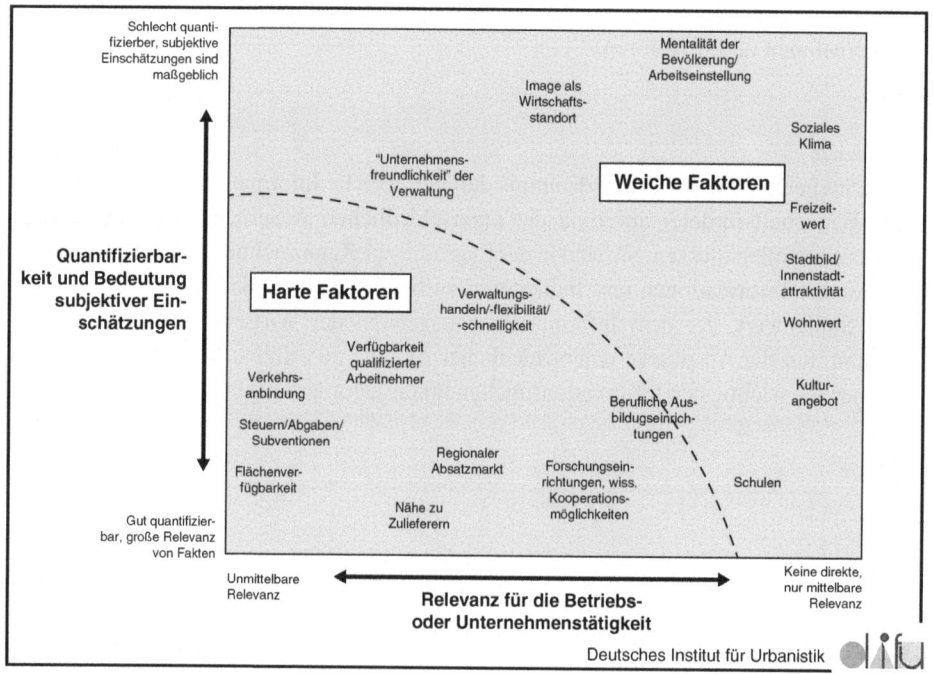

Abb. 2.1 Harte und weiche Standortfaktoren

2.1 Verfügbare Datenbanken und Informationsquellen der Wirtschaftsförderung

▶ **Weiterführende Literatur:** *Grabow, Busso/Henckel, Dietrich/Hollbach-Grömig, Beate: Weiche Standortfaktoren. Stuttgart, Berlin und Köln 1995.*

Da die Standortfaktoren eine erhebliche Rolle für die betriebliche Standortplanung (Verbleib am Standort, Erweiterung am bestehenden Standort oder Verlagerungen bzw. Neuansiedlung) spielen, besteht eine wichtige Aufgabe der Wirtschaftsförderung darin, aktuelle Informationen zur kommunalen oder regionalen Standortqualität schnell zur Verfügung stellen zu können. Da eine Reihe der Standortfaktoren (überregionale Verkehrsanbindung, Vorhandensein von Forschungs- und Hochschuleinrichtungen, regionale Absatzmärkte) nicht direkt von der Wirtschaftsförderung beeinflusst werden können, sollen im vorliegenden Skript vielmehr die Informationsgrundlagen der beeinflussbaren Faktoren analysiert werden.

Informationen zur regionalen Flächenverfügbarkeit Angesichts der aktuellen Entwicklungen beim Bevölkerungs- bzw. Wirtschaftswachstum ist der Flächenverbrauch überproportional hoch. Aus diesem Grunde muss bei der Informationsbereitstellung zur Flächenverfügbarkeit nicht nur der Bestand an unbebauten Grundstücken und neu erschlossenen Gewerbegebieten berücksichtigt werden. Vielmehr wird es angesichts des in der Nachhaltigkeitsstrategie der Bundesregierung formulierten Ziels einer maximal täglichen Inanspruchnahme von 30 ha für neue Siedlungs- und Verkehrsfläche immer bedeutsamer, dass zunehmend die Potenziale von unter- bzw. ungenutzten Gewerbegrundstücken und -arealen genutzt werden.

▶ **Weiterführende Literatur:** *Grabow, Busso/Meier, Josiane/Seidel-Schulze, Antje/Zwicker-Schwarm, Daniel/Blümling, Stefan/Bunde, Jürgen: Flächen ins Netz (FLITZ) – Aktivierung von Gewerbeflächenpotenzialen durch E-Government, Difu-Impulse Band 8, Berlin 2011.*

Die wesentlichen Faktoren zur Bestimmung einer Fläche bestehen u. a. in der baurechtlichen Kategorisierung, Preisen, Größenangaben (Nettobaufläche, größte verfügbare Fläche), Erschließungshinweisen technischer (Gas-, Wasser- und Stromversorgung) oder verkehrlicher (Entfernung zur Autobahn, zum nächsten Bahnhof oder zum Flughafen) Art, Lagebildern oder Luftaufnahmen. Die Daten zu Flächen werden von den Wirtschaftsförderern in Wirtschaftsinformationssystemen, geographischen Informationssystemen oder anderen Datenbanken vorgehalten. Die Erfassung dieser Daten dient dazu, bei Anfragen durch bestehende oder ansiedlungswillige Unternehmen aussagekräftige Flächenexposés kurzfristig zur Verfügung stellen zu können. Weiterhin wird eine interne Datenpflege für ein Monitoring erforderlich, mit dem die Vermarktungserfolge, eine Dokumentation der Flächenanfragen oder die Ermittlung von Flächenbedarfen verschiedener Wirtschaftsgruppen hinsichtlich Objektart, Größe usw. nachgewiesen werden können.

Neben der internen Erfassung und Pflege von Flächeninformationen bieten mittlerweile die meisten Kommunen Informationen auch über das Internet dar (bei einer Umfrage des difu im Rahmen der oben angegebenen Studie FLITZ gaben beispielsweise 90 % der antwortenden Städte an, Flächendaten auf der eigenen Homepage zu präsentieren).

Tab. 2.1 Internetveröffentlichung von Immobiliendaten (Mehrfachnennungen; Angaben in Prozent)

	Unbebaute Gewerbegrundstücke	Gewerbeobjekte	Untergenutzte Gewerbegrundstücke/-areale	Industrie-/ Gewerbebrachen	Sonstige	n
Homepage der Stadt/Gemeinde	87,2	69,6	44	52	7,2	115
Andere öffentliche Portale	66,4	37,6	17,6	28	4	90
Private Immobilienportale	14,4	11,2	4,8	5,6	2,4	25

Quelle: difu, Bd. 8/2011, S. 35

Neben der Präsentation auf der eigenen Homepage spielt die Datenübertragung an andere öffentliche (landesweite oder regionale) Portale oder an private Immobilienportale eine zunehmende Rolle für die Flächenpräsentation (Tab. 2.1).

Aufgrund der hohen Bedeutung dieses Standortfaktors im Rahmen des interkommunalen Standortwettbewerbs soll die Frage der Informationssysteme im Flächenbereich eine größere Bedeutung innerhalb dieses Moduls einnehmen. Es wird vorgesehen, vier Hausarbeiten mit Referat im Seminar für diesen Themenbereich zu vergeben:

Vergleich verschiedener Flächenlösungen auf Länderebene:

- Sachsen (http://www.firmen.saxony.de/KWISweb-Sites)
- Niedersachsen (http://www.komsis.de/de)
- Mecklenburg-Vorpommern (http://www.investguide-mv.de/de/)
- Rheinland-Pfalz (www.standortfinder.rlp.de),…
- Welche Informationen werden angeboten?
- Wie erfolgen die Datenerfassung und die Aktualisierung?
- Wie erfolgt die Kontaktaufnahme zu den potenziellen Investoren?
- Welche Art von Objekten (Flächen, Brachen, Immobilien) wird präsentiert?

Verknüpfung von kommunalen mit überregionalen Gewerbeflächenportalen

- Nordrhein-Westfalen (www.germansite.de)
- Sachsen (http://www.firmen.saxony.de/KWISweb-Sites)
- Niedersachsen (http://www.komsis.de/de)
- Auf welche technische Art erfolgt die Einbindung in übergeordnete Portale?
- Wie wird eine Mehrfacherfassung von Flächen vermieden?
- Wie sind die Verantwortlichkeiten für die Datenpflege festgelegt?
- Wie wird die Datenqualität abgesichert?

Vergleich der vorhandenen Portale für eine Präsentation und Vermarktung von Brachflächen

- Sachsen (http://www.firmen.saxony.de/KWISweb-Sites)
- Stadt Gera (http://www.gera.de/sixcms/detail.php?id=103323&)
- Wodurch unterscheiden sich diese Immobilienangebote bei der Informationsbereitstellung?
- Werden neben den öffentlichen Angeboten weitere Immobilien durch private/professionelle Anbieter dargestellt?
- Welche Stellen in der Verwaltung sind bei der Datenerfassung und der Aktualisierung eingebunden?

Vergleich der öffentlichen Flächenportale mit den privaten Immobilienplattformen

- Immobilien Scout 24 (http://www.immobilienscout24.de)
- Immowelt (www.immowelt.de)
- Immonet (www.immonet.de)
- Kommunales Immobilienportal KIP (www.kommunale-immobilienportale.de)
- Wie unterscheiden sich die öffentlichen von den privaten Immobiliensystemen?
- Wie sind die Kommunen in die privaten Portale eingebunden?
- Gibt es standardisierte Schnittstellen?

Mit den Hausarbeiten sowie mit den Referaten und der Diskussion im Seminar soll ein umfassender Überblick über die Lösungen und Probleme der Bereitstellung von Flächeninformationen gegeben werden. In den Wirtschaftsförderungseinrichtungen werden eine Reihe verschiedener Systeme zur Flächenpräsentation genutzt. Neben einer elektronischen Datenbereitstellung und Datenhaltung in Excel, die als häufigste Anwendung genutzt wird, werden GIS/CAD-Systeme, Datenbanken oder Wirtschaftsinformationssysteme eingesetzt.

Mit dem Vergleich und der Analyse der Best-Practice-Beispiele im Flächenmanagement soll die Bedeutung der folgenden Voraussetzungen für eine erfolgversprechende Flächenvermarktung hervorgehoben werden. Die Befragung der Wirtschaftsförderer im Rahmen der Studie **Flächen ins Netz** zeigt, dass hier noch ein riesiges Verbesserungspotenzial vorhanden ist:

- Die Verzahnung von interner Datenbank der Wirtschaftsförderung mit den Internetplattformen liefert erhebliche Einsparungen bei der Datenpflege.
- Durch einen verwaltungsinternen Abgleich mit den anderen für Flächenbereitstellung und Datenpflege befassten Ämtern (Liegenschaftsamt, Bauamt, Stadtentwicklung, Umweltamt) können diese Ersparnisse noch erhöht werden (Abb. 2.2).
- Welche intelligenten Lösungen zur Verknüpfung von lokalen und regionalen Immobilienportalen sind gegeben? Diese Verknüpfung vermindert nicht nur den Erfassungsaufwand, sondern sorgt gleichzeitig dafür, dass jeweils identische Informationen für Gewerbegebiete oder Immobilien präsentiert werden.

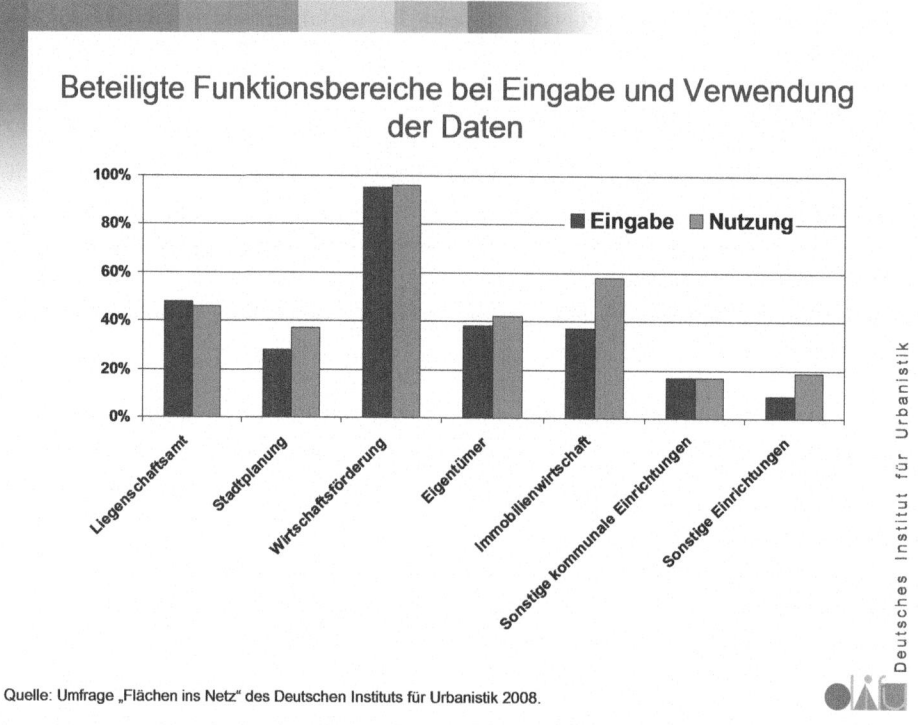

Abb. 2.2 Beteiligte Funktionsbereiche bei Eingabe und Verwendung der Daten

- Einen wesentlichen Faktor für den Erfolg der Immobilienportale spielt die Benutzerfreundlichkeit. Wie werden die wichtigsten Informationen gefunden, wie erfolgt die Kontaktaufnahme zum Anbieter von Flächen, wie erfolgt die graphische Aufbereitung der Flächenangebote durch eine Verknüpfung mit Lageskizzen oder GIS-Systemen?
- Wie können die im öffentlichen Besitz befindlichen Immobilien in privaten Portalen angeboten werden? Welche Schnittstellen sind darüber hinaus vorhanden, um die Angebote von privaten Eigentümern oder Immobilienmaklern in die städtischen Immobilienportale zu integrieren? (Abb. 2.3)

Informationen zu den sonstigen harten Standortfaktoren Die anderen Bereiche der sog. harten Standortfaktoren haben in den Informationssystemen der Wirtschaftsförderung bisher noch keinen umfassenden Eingang gefunden. Dies liegt nicht nur an der Tatsache, dass sie in der Regel durch die Wirtschaftsförderung nicht immer direkt beeinflusst werden können. Vielmehr kann auch für unterschiedliche Zielgruppen oder Branchen konstatiert werden, dass die jeweiligen Standortfaktoren sehr differenziert zu analysieren sind. Während die Logistikbranche grundsätzlich auf hervorragende Verkehrsanbindungen angewiesen ist, spielt dieser Faktor für Dienstleister aus dem Bereich von IT und Kommunikation eine nur untergeordnete Rolle. Die Energiekosten haben für energieintensive Branchen oder Betriebe einen erheblichen Einfluss auf Kosten- und Produktionsstrukturen, für

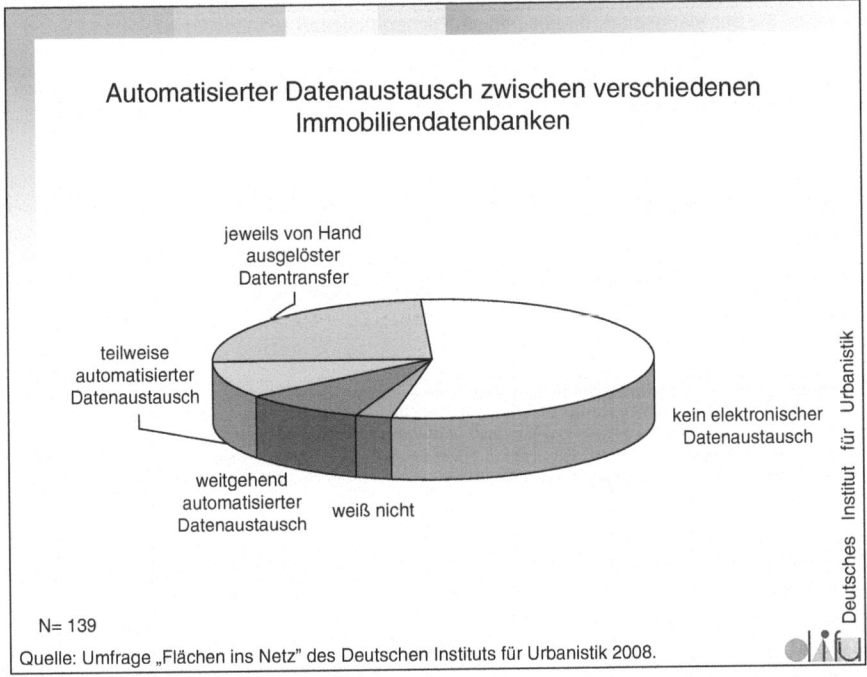

Abb. 2.3 Automatisierter Datenaustausch zwischen verschiedenen Immobiliendatenbanken

andere bleiben sie ohne nennenswerte Wirkung. Die Einschätzung der Betriebe zur Wichtigkeit unterliegt damit einer starken subjektiven Einschätzung.

Aus diesen Gründen wird es notwendig, die Standortzufriedenheit der ansässigen Betriebe mit regelmäßigen Unternehmensbefragungen zu ermitteln. Abb. 2.4 stellt am Beispiel einer Befragung in der Stadt Oldenburg dar, wie die Standortzufriedenheit der Betriebe und gleichzeitig die Wichtigkeit der Faktoren für den jeweiligen Betrieb gemessen werden kann.

Es wurde in der Befragung keine strikte Trennung nach harten und weichen Standortfaktoren vorgenommen. Bei näherer Betrachtung zeigt sich jedoch, dass die Faktoren 16 bis 27 ausnahmslos den weichen Standortfaktoren zuzurechnen sind. Um Anhaltspunkte für die strategische Ausrichtung der Wirtschaftsförderung zu erhalten, wurden in der Auswertung der Befragung Zufriedenheit und Wichtigkeit der Standortfaktoren gegenübergestellt.

Die Abb. 2.5 verdeutlicht, dass insbesondere die harten Faktoren *Telekommunikationsinfrastruktur* und *Angebot an qualifizierten Arbeitskräften*, aber auch Lohnkosten in der Region, *Kosten für Energie, Ent- und Versorgung* und *Grund- und Gewerbesteuern, Abgaben* als wichtig erachtet werden. Da diese Standortfaktoren gleichzeitig mit einer niedrigen Zufriedenheit bewertet wurden, bestehen hohe Handlungsbedarfe für die Kommunalpolitik.

Auch im Bereich der weichen Standortfaktoren gibt es wichtige Bestimmungsgrößen der betrieblichen Standortzufriedenheit: die *Unternehmensfreundlichkeit der*

7. **Erwarten Sie Schwierigkeiten, Ihren künftigen Fachkräftebedarf zu befriedigen?**
   Ja ○   Nein ○

8. **Welche konkreten Überlegungen für die Entwicklung Ihres Betriebes bestehen für die nächsten 2 Jahre?** *(Mehrfachnennungen möglich)*

   Erweiterung der Produktionskapazitäten .... ○
   Auslagerung von Produktionskapazitäten .... ○
   Verringerung von Produktionskapazitäten .... ○

   Auslagerung von Dienstleistungen .... ○
   Aufnahme neuer Dienstleistungen bzw.
     Produkte in das Produktionsprogramm .... ○
   Einführung neuer Produktionsverfahren .... ○

   Neueinstellung von Beschäftigten .... ○
   Entlassung von Beschäftigten .... ○

   Errichtung neuer Standorte .... ○
   wenn ja, wo: ....

   Standortschließung .... ○
   Verlagerung von Betrieben/Betriebsteilen .... ○
   Standorterweiterung .... ○

   Betriebsübergabe .... ○

   Sonstige,
   wenn ja, welche:..

9. **Wie beurteilen Sie Oldenburg als Ihren Unternehmensstandort?**

Standortfaktoren *(Bitte pro Standortfaktor (Zeile) je ein Kreuz für die Standortqualität Ihrer Betriebsstätte (1-5) und eine Zahl für die Wichtigkeit des Faktors für Ihren Betrieb (1-5))*	Standortqualität Betriebsstätte 1 = sehr gut | 2 = gut | 3 = befriedigend 4 = schlecht | 5 = sehr schlecht					Wichtigkeit für Ihren Betrieb 1 = sehr wichtig 2 = wichtig 3 = teilweise wichtig 4 = eher unwichtig 5 = völlig unwichtig
	1	2	3	4	5	
1. Angebot an attraktiven Gewerbeflächen	☐	☐	☐	☐	☐	
2. Angebot an Wohnimmobilien	☐	☐	☐	☐	☐	
3. Kosten für Gewerbegrundstücke	☐	☐	☐	☐	☐	
4. Mietkosten für Gewerbe-Immobilien	☐	☐	☐	☐	☐	
5. Telekommunikations-Infrastruktur	☐	☐	☐	☐	☐	
6. Angebot an qualifizierten Arbeitskräften	☐	☐	☐	☐	☐	
7. Hochschulen und Institute	☐	☐	☐	☐	☐	
8. Kosten für Energie, Ent- und Versorgung	☐	☐	☐	☐	☐	
9. Aus- und Weiterbildungsangebot	☐	☐	☐	☐	☐	
10. Grund- und Gewerbesteuern, Abgaben	☐	☐	☐	☐	☐	
11. Lohnkosten in der Region	☐	☐	☐	☐	☐	
12. Öffentlicher Personennahverkehr (ÖPNV-Netz)	☐	☐	☐	☐	☐	
13. Angebot des Flughafens Bremen	☐	☐	☐	☐	☐	
14. Einheitliche Ladenöffnungszeiten im Einzelhandel	☐	☐	☐	☐	☐	
15. Nähe zu Lieferanten	☐	☐	☐	☐	☐	
16. Familienfreundlichkeit der Stadt	☐	☐	☐	☐	☐	
17. Freizeitmöglichkeiten	☐	☐	☐	☐	☐	
18. Image der Stadt	☐	☐	☐	☐	☐	
19. Kulturangebot	☐	☐	☐	☐	☐	
20. Medizinische Versorgung	☐	☐	☐	☐	☐	
21. Lebensqualität in Oldenburg	☐	☐	☐	☐	☐	
22. Umweltqualität	☐	☐	☐	☐	☐	
23. Wohnqualität	☐	☐	☐	☐	☐	
24. Sicherheit in der Stadt	☐	☐	☐	☐	☐	
25. Unternehmensfreundlichkeit der Stadtverwaltung	☐	☐	☐	☐	☐	
26. Existenz einer städtischen Wirtschaftsförderung	☐	☐	☐	☐	☐	
27. Wirtschaftspolitisches Klima in Oldenburg	☐	☐	☐	☐	☐	

Abb. 2.4 Wie beurteilen Sie Oldenburg als Ihren Unternehmensstandort?

2.1 Verfügbare Datenbanken und Informationsquellen der Wirtschaftsförderung

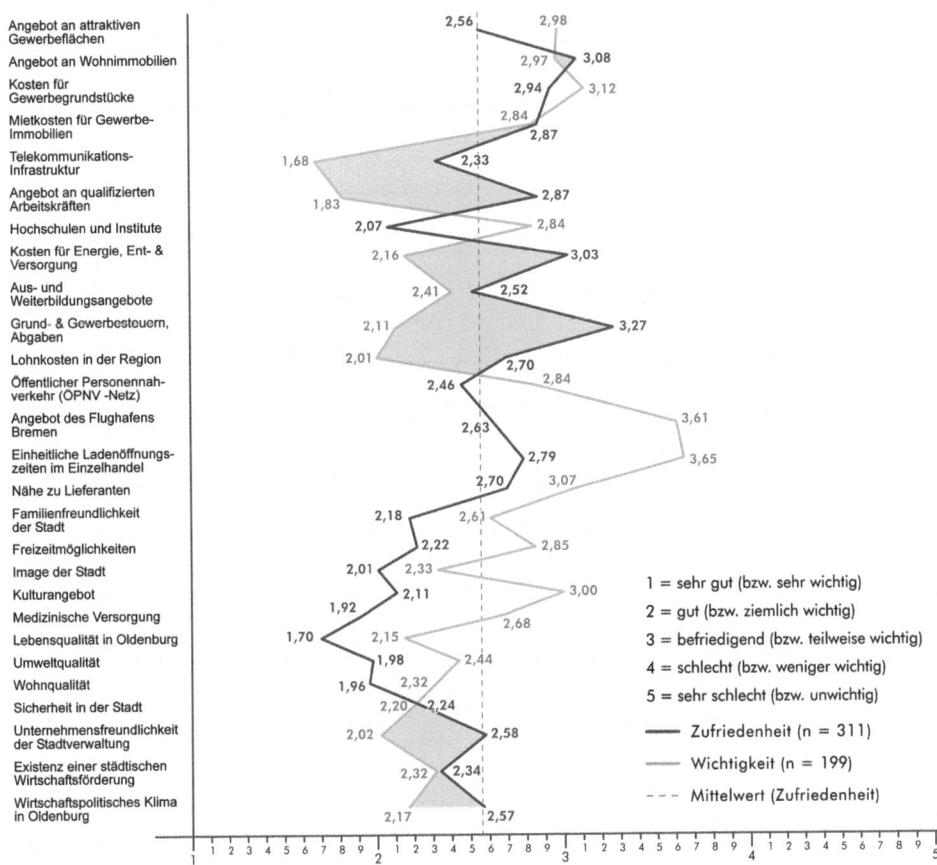

Abb. 2.5 Gegenüberstellung von Zufriedenheit und Wichtigkeit der Standortfaktoren (Mittelwerte)

Stadtverwaltung, die *Lebensqualität in Oldenburg*, das *wirtschaftspolitische Klima in Oldenburg* und die *Existenz einer städtischen Wirtschaftsförderung* werden als überdurchschnittlich wichtig bewertet. Gleichzeitig herrscht bei diesen Faktoren aber eine hohe Zufriedenheit vor. Die betriebsindividuell vorhandenen Informationen werden in bestehende Datenbanken eingebunden, damit sie für eine gezielte Kundenansprache durch die Wirtschaftsförderung genutzt werden können (siehe unten im Kapitel CRM-Systeme).

Die Maßnahmen zur Verbesserung der harten und weichen Standortfaktoren spielen im Gesamtaufgabenspektrum der kommunalen Wirtschaftsförderung eine wichtige Rolle. Diesen Sachverhalt hat Blume (Kommunen im Standortwettbewerb, a.a.O., S. 135 ff.) in einer Befragung von 157 ostdeutschen Kommunen über 10.000 Einwohnern im Jahr 2000 ermittelt (Abb. 2.6).

Dem Informationsmanagement für die erfolgreiche Durchführung dieser Maßnahmen ist demgemäß ein hoher Stellenwert beizumessen. Während frühere Befragungen in der

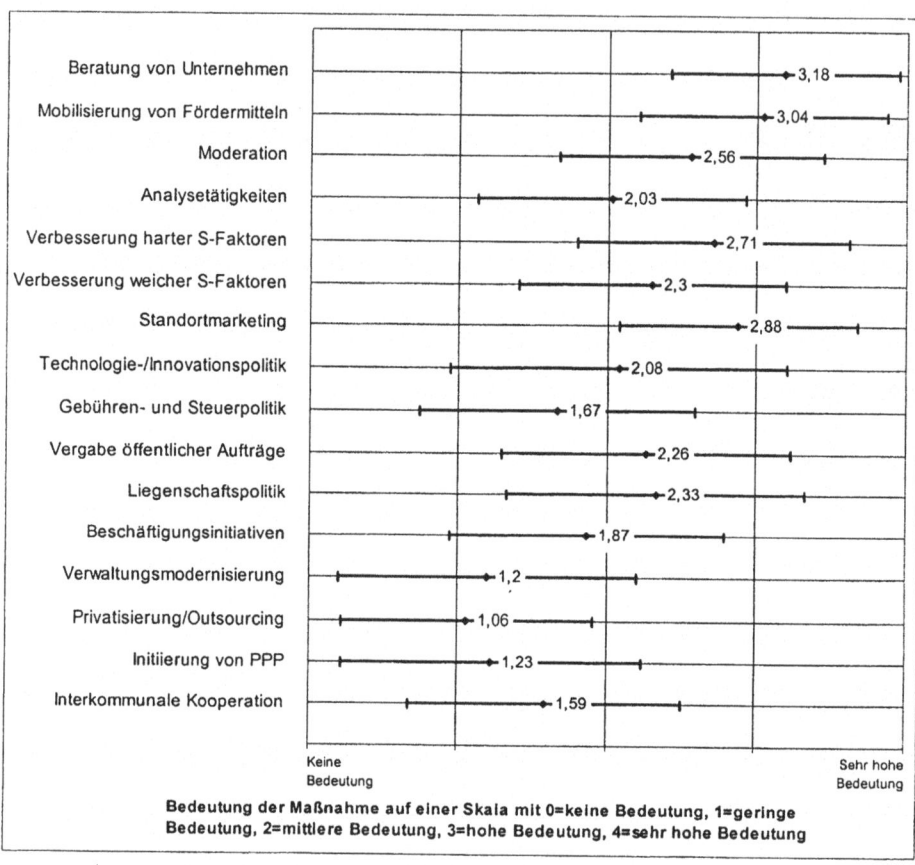

Abb. 2.6 Bedeutung von Maßnahmenbündeln/Instrumenten im Gesamtaufgabenspektrum der kommunalen Wirtschaftsförderung (Mittelwerte und Standardabweichungen)

Liegenschaftspolitik (mit der Gewerbeflächenentwicklung und der Gewerbeflächenvermittlung) noch eine höhere Bedeutung dieses Instruments gemessen haben, dokumentieren die aktuelleren Untersuchungen bzw. Befragungen einen abnehmenden Stellenwert. Die Flächenverfügbarkeit ist nach der rasanten Entwicklung in Ostdeutschland im Laufe der neunziger Jahre mittlerweile kein Engpassfaktor mehr (Blume 2003, S. 142).

Informationen zu den weichen Standortfaktoren Der Verbesserung der weichen Standortfaktoren und der entsprechenden Bereitstellung von Informationen zu diesem Thema muss demnach ein größeres Augenmerk gewidmet werden. In der DIFU-Studie von Grabow, Henckel und Hollbach-Grömig, a.a.O., S. 328) sind die Wichtigkeit und Zufriedenheit mit den harten und weichen Standortfaktoren im Vergleich zwischen alten und neuen Bundesländern gegenübergestellt (Tab. 2.2).

Tab. 2.2 Wichtigkeit von und Zufriedenheit mit Standortfaktoren in den alten und neuen Ländern

	Anteil „Sehr wichtig"		Anteil „Sehr" und „Eher zufrieden"[4]	
	AL[2]	NL[3]	AL[2]	NL[3]
Harte Faktoren				
Flächenverfügbarkeit und/oder Verfügbarkeit von Büros	35	31	84	81
Kosten der Flächen und Gebäude/Büros am Ort	42	44	74	67
Verkehrsanbindung	65	65	74	61
Nähe zu anderen Betrieben desselben Unternehmens	14	11	78	71
Umweltschutzauflagen am Ort	34	33	67	69
Kontakte zu Unternehmen der gleichen Branche	31	33	83	77
Nähe zu Zulieferern	27	33	82	75
Nähe zu Absatzmärkten	36	45	81	74
Hochschulen und Forschungseinrichtungen	17	12	82	72
Arbeitsmarkt/Verfügbarkeit qualifizierter Arbeitnehmer am Standort	47	53	81	77
Kommunale Abgaben, Steuern und Kosten	46	42	46	56
Subventionen und Fördermittel	28	58	49	60
Weiche unternehmensbezogene Faktoren				
Unternehmensfreundlichkeit der kommunalen Verwaltung	35	42	73	68
Wirtschaftspolitisches Klima im Bundesland	37	44	60	49
Image der Stadt/Region	20	34	80	68
Image und Erscheinungsbild des engeren Betriebsstandortes	22	32	83	72
Karrieremöglichkeiten in der Region	17	17	67	54
Weiche personenbezogene Faktoren				
Attraktivität der Stadt (historisches Stadtbild, Lebensart, städtisches Flair)	17	25	82	69
Attraktivität der weiteren Region	18	28	84	72
Kulturangebot, z. B. Theater, Museen, Konzerte, Galerien, Ausstellungen	11	14	78	66
Unterhaltungs- und Stadtteilkultur, z. B. Musik- und Kunstszene, Kneipen, Kinos, Stadtfeste	10	11	79	64
Beschaulichkeit und Übersichtlichkeit des städtischen Lebens	10	14	83	65
Umweltqualität (Luft, Wasser, Klima)	32	30	82	67
Wohnen und Wohnumfeld	34	31	75	53
Freizeitmöglichkeiten	18	17	88	50
Schulen und Ausbildungseinrichtungen	27	22	90	77
Kosten der Flächen und Gebäude/Büros am Ort	42	44	74	67

Quelle: Grabow et al. 1995, S. 141

Die Autoren differenzieren nach weichen unternehmensbezogenen und weichen personenbezogenen Faktoren. Während erstere noch einem gewissen Einfluss der Wirtschaftsförderung bzw. der Aktivitäten der Verwaltung insgesamt unterliegen, sind die weichen personenbezogenen Standortfaktoren nicht direkt durch die Maßnahmen der Wirtschaftsförderung zu beeinflussen. Die kommunale Wirtschaftsförderung muss aus diesem Grund über regelmäßige Befragungen und Analysen der unternehmerischen Standortzufriedenheit den Einfluss dieser Standortfaktoren auf die betriebliche Standortwahl messen. Die Ergebnisse dieser Untersuchungen sind mit den lokalen oder regionalen Akteuren zu diskutieren, die einen gewissen Einfluss auf die Bereitstellung bzw. die Entwicklung der eher personenbezogenen Faktoren besitzen.

Die DIFU-Studie zeigt auf den S. 328 ff. detailliert für die einzelnen weichen und harten Standortfaktoren auf, inwieweit sie als relevante Größe für eine Ansiedlung oder für einen Verbleib des Unternehmens am Standort gesehen werden können. Dabei wird nach Push- und Pull- Faktoren differenziert. Eine negative Entwicklung bei Push-Faktoren könnte zu einem Verlassen des Standorts bzw. zu Verlagerungen einzelner Betriebsteile führen, während eine positive Entwicklung bei Pull-Faktoren die Attraktivität des Standorts für Neuansiedlungen erhöht.

Informationsbereitstellung bei der Standortwahl von Unternehmen Die hohe Bedeutung der Informationsbereitstellung durch die Wirtschaftsförderung im Zuge einer Standortentscheidung eines großen Unternehmens soll an einem konkreten Beispiel näher erläutert werden. Aufgrund einer Pressemitteilung von BMW Group im Juli 2000 haben sich 250 Gemeinden aus 20 europäischen Staaten unaufgefordert um die Ansiedlung einer Betriebsstätte beworben (Ottmann und Lifka 2010, S. 33 f.).

Abb. 2.7 zeigt die verschiedenen Stufen der Standortwahl. Es zeigte sich bereits bei der ersten Stufe der Auswahl (Beantwortung eines Fragebogens hinsichtlich der notwendigen Erfüllung von sog. Basis-Anforderungen), wie wichtig die Informationsbasis in den Wirtschaftsförderungseinrichtungen war, um schnelle und aktuelle Informationen zu liefern.

Anhand dieses konkreten Praxisbeispiels soll die Bedeutung von Standortinformationen dargestellt und gleichzeitig die unterschiedliche Methodik zur Standortanalyse vermittelt werden. Dieses Beispiel ist unter verschiedenen Aspekten interessant. Zum einen wurde deutlich, dass aufgrund der Vielzahl an Bewerberstandorten davon ausgegangen werden konnte, dass genügend Bewerber gefunden werden, die die Basisanforderungen erfüllen werden. Von daher musste kein Ausgleich geprüft werden, wenn einzelne Faktoren nicht vorhanden bzw. nicht erfüllt sind. Zum anderen haben nicht nur die harten, sondern auch die weichen Standortfaktoren eine wesentliche Rolle bei der Standortentscheidung des Automobilbetriebs besessen. Den Ausschlag zur Entscheidung für Leipzig haben die flexiblen Arbeitszeitmodelle (aufgrund der Verhandlungen mit den Arbeitnehmervertretern) gegeben.

Darüber hinaus wurde deutlich, dass in der Konkurrenz um ansiedlungswillige Unternehmen nicht nur die Kenntnis und Information zum eigenen Standort wichtig ist (Kampermann 2003, S. 14). Zur besseren Einschätzung der eigenen Vorteile sollte man auch

2.1 Verfügbare Datenbanken und Informationsquellen der Wirtschaftsförderung

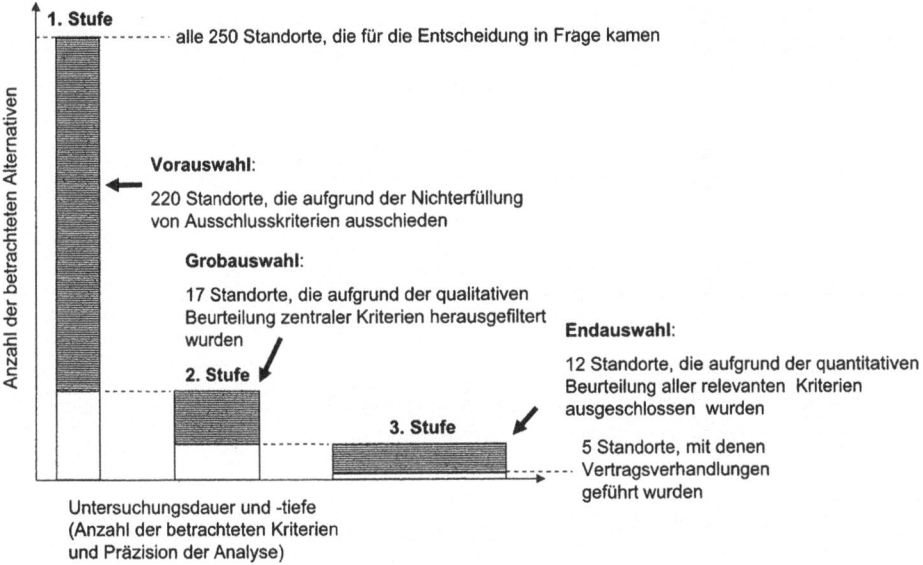

Abb. 2.7 Mehrstufige Standortwahl von BMW

über Informationen über die Vor- und Nachteile der Konkurrenzstandorte verfügen sowie die Anforderungen der nachfragenden Unternehmen kennen[1] (Tab. 2.3).

Zur weiterführenden Darstellung des konkreten Anwendungsbeispiels BMW wird auf das Arbeitspapier von *Kampermann, Marc-Till, Standortsuche der BMW Group, Dortmund* 2003 *verwiesen* (http://www.immo.tu-dortmund.de/cms/Medienpool/Verlinkungen/Arbeitspapiere/ArbeitspapierNo7.pdf).

▶ *Als weiterführende Literatur wird der Band von Ottmann, Matthias/Lifka, Stefan: Methoden zur Standortanalyse, München 2010 empfohlen.*

2.1.2 Informationen zur Branchen- und Beschäftigtenstruktur

Neben den Informationen zur Standortqualität und der Ausstattung mit harten und weichen Standortfaktoren ist es für den Wirtschaftsförderer notwendig, einen möglichst aktuellen und umfassenden Überblick über die lokale und regionale Wirtschaftsstruktur zu besitzen. Diese ist insbesondere durch die Branchenstruktur (Verteilung der Unternehmen auf die verschiedenen Wirtschaftsbereiche) sowie die Beschäftigtenstruktur gekennzeichnet.

---

[1] http://www.immo.tu-dortmund.de/cms/Medienpool/Verlinkungen/Arbeitspapiere/ArbeitspapierNo7.pdf (S. 11).

Tab. 2.3 Qualitative Prüfliste

technische Anforderungen	A	B	C
Grundstücksgröße: 200 bis 250 Hektar in einer Fläche, vor-zugsweise in Form eines gedrungenen Rechteckes	✓		✓
Grundstückstopografie: relativ eben	✓	✓	✓
technische Erschließung bzw. Erschließbarkeit: Strom-, Gas-, Wasserversorgung und Abwasserentsorgung in ausreichen-dem Umfang möglich	✓	✓	✓
Verkehrserschließung: Gleisanschluss am Grundstück mit Bahnhof in der Nähe; Autobahnanschluss möglichst nahe, höchstens etwa 5 km entfernt		✓	✓
Wohnbebauung: mindestens 800 m, besser weiter entfernt		✓	✓
operative Anforderungen	A	B	c
internationaler Flughafen: maximal 1 Autostunde entfernt	✓		✓
Grundstücksgeologie: tragfähig für Industriebaufundierung; Grundwasserspiegel unterhalb der Gründungsebene; frei von entsorgungspflichtigen Altlasten	✓	✓	✓
Baurecht: Herstellbarkeit der Planungssicherheit für den Bau einer Automobilfabrik mit Baubeginn; gewünscht mit Grundflächenzahl (GRZ)=0,8 und Baumassezahl (BMZ)=10,0		✓	✓

Quelle: Ottmann und Lifka 2010, S. 75

Informationen zur Branchenstruktur Weiterführende Informationen zur Zahl der Betriebe in einer Region und zur Verteilung auf die Wirtschaftsbereiche erhält man über die amtliche Statistik. Die Tab. 2.4 gibt einen Überblick über die Anzahl der Betriebe im Bundesland Thüringen, die mindestens einen sozialversicherungspflichtigen Mitarbeiter beschäftigen. Diese Daten sind über die Statistik der Bundesagentur für Arbeit verfügbar (Betriebe und sozialversicherungspflichtig Beschäftigte, Deutschland, Länder, 2012). In diesem konkreten Beispiel werden die Anzahl der Betriebe nach Kreisen bzw. kreisfreien Städten sowie die Anzahl der in diesen Betrieben sozialversicherungspflichtig Beschäftigten im Vergleich der Jahre 2011 und 2012 ausgewiesen.

Im nächsten Arbeitsschritt wird die NACE-Systematik zur Klassifizierung der Wirtschaftszweige verdeutlicht. Die NACE ist die *Statistische Systematik der Wirtschaftszweige in der Europäischen Gemeinschaft* – **N**omenclature statistique des **a**ctivités **é**conomiques dans la **C**ommunauté **e**uropéenne – und liegt in der Version von 2008 (NACE, Rev. 2) vor. Sie ist Gegenstand einer Rechtsvorschrift auf der Ebene der Europäischen Union, die die allgemeine Anwendung der Systematik in allen Mitgliedstaaten zur Pflicht macht.[2]

An Beispielen verschiedener Regionen wird die Bedeutung der NACE-Systematik für die Kennzeichnung der wirtschaftlichen Situation erläutert (Tab. 2.5).

Die Kenntnis der lokalen bzw. regionalen Branchenstruktur muss um weitergehende Informationen zur betriebsindividuellen Situation der ansässigen Unternehmen ergänzt werden, da nicht die Zahl der Beschäftigten bzw. Daten zur wirtschaftlichen Situation

---

[2] http://epp.eurostat.ec.europa.eu/cache/ITY_OFFPUB/KS-RA-07-015/DE/KS-RA-07-015-DE.PDF.

2.1 Verfügbare Datenbanken und Informationsquellen der Wirtschaftsförderung

Tab. 2.4 Betriebs- und Beschäftigungszahlen der BA in Thüringen

Kreise/kreisfreie Städte	30.06.2012	30.06.2011	Veränderung abs.	Veränderung in %	30.06.2012	30.06.2011	Veränderung abs.	Veränderung in %
	1	2	3	4	5	6	7	8
16 Thüringen	61.219	61.624	-405	-0,7	758.858	751.932	6.926	0,9
16051 Erfurt, Stadt	6.207	6.192	15	0,2	99.144	100.335	-1.191	-1,2
16052 Gera, Stadt	2.774	2.823	-49	-1,7	35.395	35.781	-386	-1,1
16053 Jena, Stadt	2.733	2.709	24	0,9	51.213	50.464	749	1,5
16054 Suhl, Stadt	1.213	1.233	-20	-1,6	15.532	15.795	-263	-1,7
16055 Weimar, Stadt	1.908	1.898	10	0,5	23.077	23.073	4	0,0
16056 Eisenach, Stadt	1.351	1.332	19	1,4	22.644	22.252	392	1,8
16061 Eichsfeld	3.047	3.064	-17	-0,6	33.369	32.634	735	2,3
16062 Nordhausen	2.272	2.307	-35	-1,5	28.017	27.408	609	2,2
16063 Wartburgkreis	3.173	3.212	-39	-1,2	40.137	38.718	1.419	3,7
16064 Unstrut-Hainich-Kreis	2.934	2.951	-17	-0,6	32.475	32.066	409	1,3
16065 Kyffhäuserkreis	2.083	2.128	-45	-2,1	19.573	19.491	82	0,4
16066 Schmalkalden-Meiningen	3.765	3.839	-74	-1,9	41.773	41.678	95	0,2
16067 Gotha	3.708	3.715	-7	-0,2	45.910	45.389	521	1,1
16068 Sömmerda	1.769	1.809	-40	-2,2	21.169	20.719	450	2,2
16069 Hildburghausen	1.774	1.780	-6	-0,3	19.654	19.453	201	1,0
16070 Ilm-Kreis	3.131	3.135	-4	-0,1	38.045	36.100	1.945	5,4

(Fortsetzung)

Tab. 2.4 (Fortsetzung)

Kreise/kreisfreie Städte	30.06.2012	30.06.2011	Veränderung abs.	Veränderung in %	30.06.2012	30.06.2011	Veränderung abs.	Veränderung in %
	1	2	3	4	5	6	7	8
16071 Weimarer Land	2.217	2.225	−8	−0,4	23.649	23.515	134	0,6
16072 Sonneberg	1.678	1.711	−33	−1,9	20.414	20.310	104	0,5
16073 Saalfeld-Rudolstadt	3.089	3.137	−48	−1,5	35.602	35.564	38	0,1
16074 Saale-Holzland-Kreis	2.317	2.340	−23	−1,0	26.450	26.154	296	1,1
16075 Saale-Orla-Kreis	2.564	2.549	15	0,6	29.958	29.696	262	0,9
16076 Greiz	3.036	3.060	−24	−0,8	28.708	28.479	229	0,8
16077 Altenburger Land	2.476	2.475	1	0,0	26.950	26.858	92	0,3

Quelle: Bundesagentur für Arbeit, Statistik, Betriebe und sozialversicherungspflichtig Beschäftigte, Deutschland, Länder, 2012

Tab. 2.5 Beschäftigungsrelevanz der 20 größten Branchen am Beispiel Landkreis Osnabrück

Nr.	Wirtschaftsabteilung	Anzahl Beschäftigte	Prozent	kumulierte Prozente
0	Insgesamt	107.594		
1	Einzelhandel (ohne Handel mit Kraftfahrzeugen)	9.659	9,0 %	9,0 %
2	Herstellung von Nahrungs- und Futtermitteln	9.075	8,4 %	17,4 %
3	Gesundheitswesen	8.414	7,8 %	25,2 %
4	Vorbereitende Baustellenarbeiten, Bauinstallation und sonstiges Ausbaugewerbe	6.283	5,8 %	31,1 %
5	Großhandel (ohne Handel mit Kraftfahrzeugen)	5.203	4,8 %	35,9 %
6	Vermittlung und Überlassung von Arbeitskräften	5.094	4,7 %	40,6 %
7	Heime (ohne Erholungs- und Ferienheime)	4.283	4,0 %	44,6 %
8	Maschinenbau	4.007	3,7 %	48,3 %
9	Herstellung von Metallerzeugnissen	3.705	3,4 %	51,8 %
10	Lagerei sowie Erbringung von sonstigen Dienstleistungen für den Verkehr	3.011	2,8 %	54,6 %
11	Öffentliche Verwaltung, Verteidigung; Sozialversicherung	2.942	2,7 %	57,3 %
12	Herstellung von Möbeln	2.753	2,6 %	59,9 %
13	Erziehung und Unterricht	2.477	2,3 %	62,2 %
14	Handel mit Kraftfahrzeugen; Instandhaltung und Reparatur von Kraftfahrzeugen	2.302	2,1 %	64,3 %
15	Herstellung von Gummi- und Kunststoffwaren	2.119	2,0 %	66,3 %
16	Metallerzeugung und -bearbeitung	2.017	1,9 %	68,2 %
17	Landwirtschaft, Jagd und damit verbundene Tätigkeiten	1.742	1,6 %	69,8 %
18	Herstellung von Papier, Pappe und Waren daraus	1.730	1,6 %	71,4 %
19	Sozialwesen (ohne Heime)	1.710	1,6 %	73,0 %
20	Landverkehr und Transport in Rohrfernleitungen	1.566	1,5 %	74,4 %
	Summe	80.092	74,4 %	

Quelle: eigene Berechnungen der GEFAK aus Daten der Bundesagentur für Arbeit für den Landkreis Osnabrück.

(Umsatz, o. a.) allein ausschlaggebend für die Wettbewerbsstärke in Branchensegmenten sind. Wichtiger für diese Einschätzung sind vielmehr Informationen zur Innovationsfähigkeit der Betriebe, zu F&E-Anteilen und -Investitionen sowie zur Wissensintensität. Die Möglichkeiten der betriebsindividuellen Erfassung und Pflege dieser Daten in der Wirtschaftsförderung wird im Kapitel zu CRM-Systemen erläutert.

Nach der Arbeit von Michael E. Porter (The Competitive Advantage of Nations, London Porter 1990) hat die Bestimmung von regionalen Clustern (definiert als räumliche Konzentration von Unternehmen, spezialisierten Zulieferern, Dienstleistern, Firmen verwandter Branchen und Institutionen wie z. B. Universitäten oder Unternehmensverbänden,

Tab. 2.6 Beispielhafte Zuordnung der NACE-Systematik zum Cluster Chemie

Anorganische Grundstoffe und Chemikalien	20.13				
Anstrichmittel, Druckfarben, Lacke und Kitte	20.30				
Arzneimittelherstellung	21.10.	21.20			
Bauchemie	20.59				
Chemiefasern	20.60				
Duftstoffe und Körperpflegemittel	20.42				
Düngemittel und Stickstoffverbindungen	20.15				
Etherische Öle	20.53				
Farbstoffe und Pigmente	20.12				
Fotochemische Erzeugnisse, Datenträger	20.59	26.80			
Industriegase	20.11				
Informationstechnik für die Chemie	62.02	62.01	62.09	26.20	33.20
Klebstoffe und Gelatine	20.52				
Kunststoffe in Primärformen	20.16				
Lebensmittelzusatzstoffe					
Organische Grundstoffe und Chemikalien	20.14				
Petrochemie					
Pharmazeutische Grundstoffe	21.10				
Reagenzien für Diagnose und Labor	21.20	20.59			
Schädlingsbekämpfungs- und Pflanzenschutzmittel	20.20				
Schmier- und Hilfsmittel	20.59				
Seifen, Wasch-, Reinigungs- und Poliermittel	20.41				
Technische Dienstleistungen für die Chemie	71.12	71.20			

Quelle: GEFAK, eigene Darstellung

die in einer Wertschöpfungskette miteinander verbunden sind[3]), einen starken Aufschwung erlebt. Anhand einzelner Cluster- bzw. Kompetenzbereiche (z. B. Automotive, Logistik, Gesundheit und Erneuerbare Energien) sollen die Bestimmung des Clusterbegriffs und die mögliche Zuordnung der NACE-Systematik zum Cluster dargestellt werden (vgl. dazu Tab. 2.6). Weiterführende Literaturhinweise zu diesem Thema sind:

▶ Bathelt, Harald/Glückler, Johannes: Wirtschaftsgeographie: ökonomische Beziehungen in räumlicher Perspektive, UTB. Stuttgart 2012.
http://www2.klett.de/sixcms/list.php?page=geo_infothek&article=Infoblatt+Cluster&node=Regionalpolitik

Aufgrund der infolge des demographischen Wandels zunehmenden Knappheit an Fachkräften wird sich die Wirtschaftsförderung in den kommenden Jahren verstärkt mit den Fragen der Beschäftigungspolitik auseinander setzen müssen. Dafür wird es notwendig

---

[3] Ellrich, Mirko: Geographie Infothek, Regionalpolitik, Infoblatt Cluster, Klett-Verlag, Leipzig 2012.

Tab. 2.7 Altersstruktur bestimmter Branchen

	Wirtschaftsabteilungen Osnabrück in %				
	15–24 Jahre	25–34 Jahre	35–44 Jahre	45–54 Jahre	55–74 Jahre
Insgesamt	12,76%	19,83%	22,64%	29,11%	15,59%
Einzelhandel (ohne Handel mit Kraftfahrzeugen)	15,22%	20,56%	22,56%	28,14%	13,43%
Herstellung von Nahrungs- und Futtermitteln	10,35%	17,80%	22,20%	32,91%	16,72%
Gesundheitswesen	13,13%	19,42%	22,66%	29,89%	14,87%
Vorbereitende Baustellenarbeiten, Bauinstallation und sonstiges Ausbaugewerbe	21,38%	20,71%	22,62%	24,46%	10,82%
Großhandel (ohne Handel mit Kraftfahrzeugen)	9,57%	20,41%	24,79%	29,50%	15,61%
Vermittlung und Überlassung von Arbeitskräften	12,52%	26,58%	23,18%	25,25%	12,47%
Heime (ohne Erholungs- und Ferienheime)	9,85%	19,85%	20,10%	32,92%	17,28%
Maschinenbau	14,37%	20,66%	21,69%	28,13%	15,10%
Herstellung von Metallerzeugnissen	15,28%	18,33%	21,78%	27,99%	16,55%
Lagerei sowie Erbringung von sonstigen Dienstleistungen für den Verkehr	7,31%	19,86%	25,74%	29,33%	17,70%
Öffentliche Verwaltung, Verteidigung; Sozialversicherung	5,78%	11,35%	22,26%	37,56%	22,94%
Herstellung von Möbeln	10,97%	17,25%	21,21%	34,65%	15,91%
Erziehung und Unterricht	8,36%	18,53%	22,77%	28,78%	21,56%
Handel mit Kraftfahrzeugen; Instandhaltung und Reparatur von Kraftfahrzeugen	22,85%	22,33%	21,68%	21,68%	11,42%
Herstellung von Gummi- und Kunststoffwaren	8,64%	22,23%	24,30%	28,88%	15,95%
Metallerzeugung und -bearbeitung	13,09%	20,48%	23,60%	28,01%	14,82%
Landwirtschaft, Jagd und damit verbundene Tätigkeiten	23,65%	21,24%	19,80%	22,16%	13,03%
Herstellung von Papier, Pappe und Waren daraus	8,21%	13,82%	23,53%	36,88%	17,57%
Sozialwesen (ohne Heime)	5,61%	19,01%	21,46%	33,39%	20,53%
Landverkehr und Transport in Rohrfernleitungen	3,32%	14,88%	23,50%	33,84%	24,20%

Quelle: Eigene Berechnungen der GEFAK aus Daten der Bundesagentur für Arbeit für den Landkreis Osnabrück.

sein, die Informationen zur Beschäftigtenstruktur abrufen bzw. sogar aktuell vorhalten zu können. Einen Hinweis auf den kurz- bis mittelfristigen Bedarf bestimmter Branchen an Arbeitskräften liefert die Statistik der Bundesagentur für Arbeit zur Altersstruktur der Beschäftigten in bestimmten Branchen (Tab. 2.7).

Ein hoher Anteil von Beschäftigten insbesondere im Bereich von Mitarbeitern zwischen 55 und 74 Jahren dokumentiert den notwendigen Ersatzbedarf an Arbeitskräften der wichtigsten Branchen im Landkreis Osnabrück. Da die in den verschiedenen Branchen vertretenen Berufsgruppen eine sehr unterschiedliche Altersstruktur aufweisen können, wird über die Branchenanalyse hinaus das Informationspotenzial zur Beschäftigtenstruktur wichtig.

Informationen zur Beschäftigtenstruktur Die folgende Tabelle führt für die wichtigsten 20 Berufsgruppen im Landkreis Osnabrück die Zahl der in ihnen jeweils Beschäftigten und ihren Anteil an der Gesamtbeschäftigtenzahl auf. Dabei kann man feststellen, dass diese 20 Berufsgruppen mehr als die Hälfte der im Landkreis Beschäftigten auf sich vereinen. Ein genauerer Blick auf die unterschiedliche Altersstruktur in diesen Berufsgruppen wird einen Hinweis darauf liefern, für welche Berufe besondere Anstrengungen unternommen werden müssen, um die Nachwuchssicherung zu gewährleisten (Tab. 2.8).

Tab. 2.8 Beschäftigte nach Berufsgruppen

Nr.	Berufsordnung	Anzahl Beschäftigte	Prozent	kumulierte Prozente
0	Insgesamt	107.594		
1	Berufe Unternehmensführung,-organisation	11.067	10,3%	10,3%
2	Medizinische Gesundheitsberufe	8.706	8,1%	18,4%
3	Verkehr, Logistik (außer Fahrzeugführ.)	8.541	7,9%	26,3%
4	Verkaufsberufe	7.602	7,1%	33,4%
5	Lebensmittelherstellung u. -verarbeitung	6.701	6,2%	39,6%
6	Metallerzeugung, -bearbeitung, Metallbau	6.233	5,8%	45,4%
7	Maschinen- und Fahrzeugtechnikberufe	6.036	5,6%	51,0%
8	Führer von Fahrzeug- u. Transportgeräten	5.003	4,6%	55,7%
9	Erziehung,soz.,hauswirt.Berufe,Theologie	4.997	4,6%	60,3%
10	Kunststoff- u. Holzherst., -verarbeitung	4.470	4,2%	64,5%
11	Einkaufs-, Vertriebs- und Handelsberufe	3.243	3,0%	67,5%
12	Finanzdienstl.Rechnungsw.,Steuerberatung	3.121	2,9%	70,4%
13	Mechatronik-, Energie- u. Elektroberufe	2.917	2,7%	73,1%
14	Nichtmed.Gesundheit,Körperpfl.,Medizint.	2.872	2,7%	75,8%
15	Techn.Entwickl.Konstr.Produktionssteuer.	2.756	2,6%	78,3%
16	Reinigungsberufe	2.715	2,5%	80,8%
17	Hoch- und Tiefbauberufe	2.625	2,4%	83,3%
18	Gebäude- u. versorgungstechnische Berufe	2.181	2,0%	85,3%
19	(Innen-)Ausbauberufe	1.766	1,6%	86,9%
20	Papier-, Druckberufe, tech.Mediengestalt.	1.724	1,6%	88,6%
	Summe	95.276	88,6%	

Quelle: eigene Berechnungen der GEFAK aus Daten der Bundesagentur für Arbeit 2013 für den Landkreis Osnabrück

Während beispielsweise in den Berufsgruppen Sprechstundenhelfer oder Tischler der Anteil der zwischen 55 und 74 Jahre alten Beschäftigten deutlich unterproportional ist, sticht bei den Kraftfahrzeugführern und bei den Raum- und Hausreinigern ein besonders hoher Anteil älterer Beschäftigter hervor: Mehr als jeder fünfte Beschäftigte in diesen Berufen wird in den nächsten Jahren in den Ruhestand gehen (Tab. 2.9).

Die steigenden Anforderungen an die Nachwuchssicherung in den für die jeweilige Regionalentwicklung wichtigen Branchen steigern auch das Anforderungsprofil für die Wirtschaftsförderer zur Erarbeitung wichtiger analytischer Methoden in der Beschäftigungspolitik. Neben der notwendigen Informationsgewinnung zur demographischen Entwicklung müssen sie zukünftig ebenfalls in der Lage sein, Informationen zum regionalen Arbeitskräfteangebot zu beschaffen.

In der folgenden Tabelle wird beispielhaft für 2 Branchen aus dem Bereich der Energieversorgung und der Herstellung von Solarzellen und Solarmodulen verdeutlicht, wie

Tab. 2.9 Altersstruktur der Berufsgruppen

	Berufsordnungen Osnabrück in %				
	15–24 Jahre	25–34 Jahre	35–44 Jahre	45–54 Jahre	55–74 Jahre
Insgesamt	12,76 %	19,83 %	22,64 %	29,11 %	15,59 %
Berufe Unternehmensführung, -organisation	11,06 %	18,06 %	23,57 %	30,32 %	16,86 %
Medizinische Gesundheitsberufe	13,83 %	22,01 %	22,59 %	28,97 %	12,59 %
Verkehr, Logistik (außer Fahrzeugführ.)	9,16 %	19,81 %	23,84 %	31,32 %	15,83 %
Verkaufsberufe	16,65 %	19,13 %	21,48 %	28,28 %	14,36 %
Lebensmittelherstellung u. -verarbeitung	12,25 %	20,06 %	22,73 %	30,14 %	14,80 %
Metallerzeugung,-bearbeitung, Metallbau	15,27 %	19,20 %	20,99 %	29,55 %	14,95 %
Maschinen- und Fahrzeugtechnikberufe	19,93 %	21,70 %	20,21 %	23,67 %	14,45 %
Führer von Fahrzeug- u. Transportgeräten	3,08 %	14,51 %	23,97 %	33,98 %	24,29 %
Erziehung,soz.,hauswirt.Berufe,Theologie	8,59 %	21,15 %	21,79 %	31,74 %	16,67 %
Kunststoff- u. Holzherst.,-verarbeitung	10,76 %	18,46 %	22,77 %	32,93 %	15,08 %
Einkaufs-, Vertriebs- und Handelsberufe	8,88 %	20,91 %	24,70 %	30,68 %	14,83 %
Finanzdienstl.Rechnungsw.,Steuerberatung	9,87 %	19,64 %	26,82 %	27,43 %	16,18 %
Mechatronik-, Energie- u. Elektroberufe	24,99 %	20,81 %	20,23 %	21,08 %	12,86 %
Nichtmed.Gesundheit,Körperpfl.,Medizint.	18,35 %	24,55 %	19,57 %	25,42 %	12,12 %
Techn.Entwickl.Konstr.Produktionssteuer.	6,57 %	19,12 %	25,62 %	33,31 %	15,35 %
Reinigungsberufe	5,56 %	14,92 %	21,92 %	34,00 %	23,50 %
Hoch- und Tiefbauberufe	13,83 %	17,90 %	23,09 %	30,55 %	14,63 %
Gebäude- u. versorgungstechnische Berufe	17,88 %	16,14 %	21,00 %	26,46 %	18,34 %
(Innen-)Ausbauberufe	19,82 %	24,07 %	22,59 %	24,29 %	9,23 %
Papier-,Druckberufe, tech.Mediengestalt.	11,02 %	20,07 %	24,01 %	29,81 %	14,97 %
Insgesamt	12,76 %	19,83 %	22,64 %	29,11 %	15,59 %

Quelle: eigene Berechnungen der GEFAK aus Daten der Bundesagentur für Arbeit 2013 für den Landkreis Osnabrück

sich für die wichtigsten Berufsgruppen dieser Branchen in Brandenburg die Ausbildungssituation verändert (Tab. 2.10).

Über die Analyse der Ausbildungssituation hinaus sollen die Studierenden in der Lage sein, das weitere Arbeitskräftepotenzial zu ermitteln. Tab. 2.11 zeigt beispielhafte die Entwicklung der Arbeitslosenzahlen im eben beschriebenen Segment. Sie verdeutlicht, dass in allen Berufsgruppen zwischen Juni 2009 und Juni 2010 ein deutlicher Abbau der Arbeitslosigkeit erreicht werden konnte. Andererseits dürfte diese Entwicklung zur Folge haben, dass eine Verknappung an verfügbaren Arbeitskräften und eine verstärkte Konkurrenz (auch anderer Branchen) um diese Arbeitslosen auftreten werden.

Ergänzt wird dieser analytische Bereich der Informationsgewinnung zum regionalen Arbeitskräfteangebot durch eine Unterrichtseinheit zum Thema *Schülerbefragung*. Dieses

Tab. 2.10 Entwicklung der Ausbildungssituation in den wichtigsten Berufen der Branche 35 Energieversorgung und 26111 (Herstellung von Solarzellen und Solarmodulen) in Brandenburg

Wichtigste Berufe der Energieversorgung	2005	2008
Bürofach-, Bürohilfskräfte	6.267	5.375
Elektroberufe	2.889	2.895
Techniker	215	156
Maschinisten	262	370
Wichtigste Berufe der Herstellung von Solarzellen und Solarmodulen		
Montierer und Metallberufe	129	343
Techniker	215	156
Chemiearbeiter	258	209
Wichtigste Berufe der Energieversorgung	2005	2008

Quelle: Zusammenstellung der GEFAK gemäß Statistik der Bundesagentur für Arbeit, 2010

Tab. 2.11 Entwicklung der Arbeitslosenzahlen in den wichtigsten Berufen der Branche 35 Energieversorgung und 26111 (Herstellung von Solarzellen und Solarmodulen) in Brandenburg

Wichtigste Berufe der Energieversorgung	Juni 2009	Juni 2010	Prozentuale Veränderung (BRB insg.: − 12,4 %)
Bürofach-, Bürohilfskräfte	12.251	11.299	−7,80 %
Elektriker	1.891	1.481	−21,70 %
Techniker	989	878	−11,20 %
Maschinisten	1.938	1.309	−32,50 %
Wichtigste Berufe der Herstellung von Solarzellen und Solarmodulen			
Montierer und Metallberufe*	942	698	−25,90 %
Techniker	989	878	−11,20 %
Chemiearbeiter	172	122	−29,10 %

Quelle: Zusammenstellung der GEFAK gemäß Statistik der Bundesagentur für Arbeit, 2010

Instrument wird unter mehreren Aspekten zur Nachwuchssicherung an qualifizierten Arbeitskräften genutzt:

- Schüler sollen auf die Ausbildungs- und Arbeitsplatzangebote in der Region aufmerksam gemacht werden, um sie möglichst in ihrer Heimat zu halten.
- Entscheidungs- und Informationswege der Schüler bei ihrer Studien-, Arbeits- und Berufswahl sollen ermittelt werden.
- Betriebe sollen für die Bedeutung ihrer Nachwuchssicherung (Angebote von Ausbildungs- und Praktikumsplätzen, Möglichkeiten des Dualen Studiums, Schaffung von Ausbildungsverbünden, Anforderungen an ihr eigenes Informationsmanagement usw.) sensibilisiert werden.

Es wird vorgesehen, eine Hausarbeit mit Referat und Diskussion im Seminar zu vergeben mit dem Arbeitstitel: *„Beitrag von Schülerbefragungen zur regionalen Arbeitskräftesicherung"*. Eine weitere Hausarbeit mit Referat soll sich mit dem Thema *„Mögliche Instrumente im Informationsmanagement zur Verbesserung der regionalen Ausbildungssituation"* beschäftigen. Dabei sollen die verschiedenen Ansätze zur Verbesserung der Informationen im Bereich Schule/Wirtschaft sowie bei den vorhandenen Portalen und Ausbildungsplatzbörsen beleuchtet werden.

2.1.3 Vorhandene Datenbanken oder Quellen zur Erfassung von betriebsindividuellen Informationen

Den wichtigsten Bestandteil des Informationssystems der Wirtschaftsförderung bilden die Daten zu den Kunden. Eine erfolgreiche Wirtschaftsförderungspolitik hängt stark mit der Kenntnis über die ansässigen Betriebe und einer zielgerichteten Ansprache zusammen. Zu diesem Zwecke werden in den meisten Einrichtungen der Wirtschaftsförderung CRM-Systeme, Adressdatenbanken oder andere Informationssysteme eingesetzt.

Eine Möglichkeit der Datenerfassung und -aktualisierung besteht in der manuellen Datenpflege im Laufe der täglichen Arbeit. Da diese jedoch mit einem hohen personellen und zeitlichen Aufwand verbunden ist, müssen andere Wege gesucht werden, um betriebsindividuelle Daten in die Wirtschaftsförderungssysteme einzubinden. Eine Quelle der Informationsbeschaffung besteht mit den Daten der Gewerbeämter (Abb. 2.8).

Die obenstehende Abbildung zeigt einen beispielhaften Import von Gewerbeamtsdaten, die im Zusammenhang mit den An-, Ab- und Ummeldungen von Gewerbetreibenden bzw. Betrieben bei den Gewerbeämtern entstehen. Über standardisierte Schnittstellen können diese in das Wirtschaftsförderungssystem importiert werden, wobei eine Doppelerfassung vermieden bzw. ein Abgleich mit den vorhandenen Unternehmensdaten vorgenommen werden kann.

Vereinzelt werden datenschutzrechtliche Probleme ins Feld geführt, die einer solchen Datenweitergabe von Gewerbeamtsdaten an die Wirtschaftsförderung im Wege stehen.

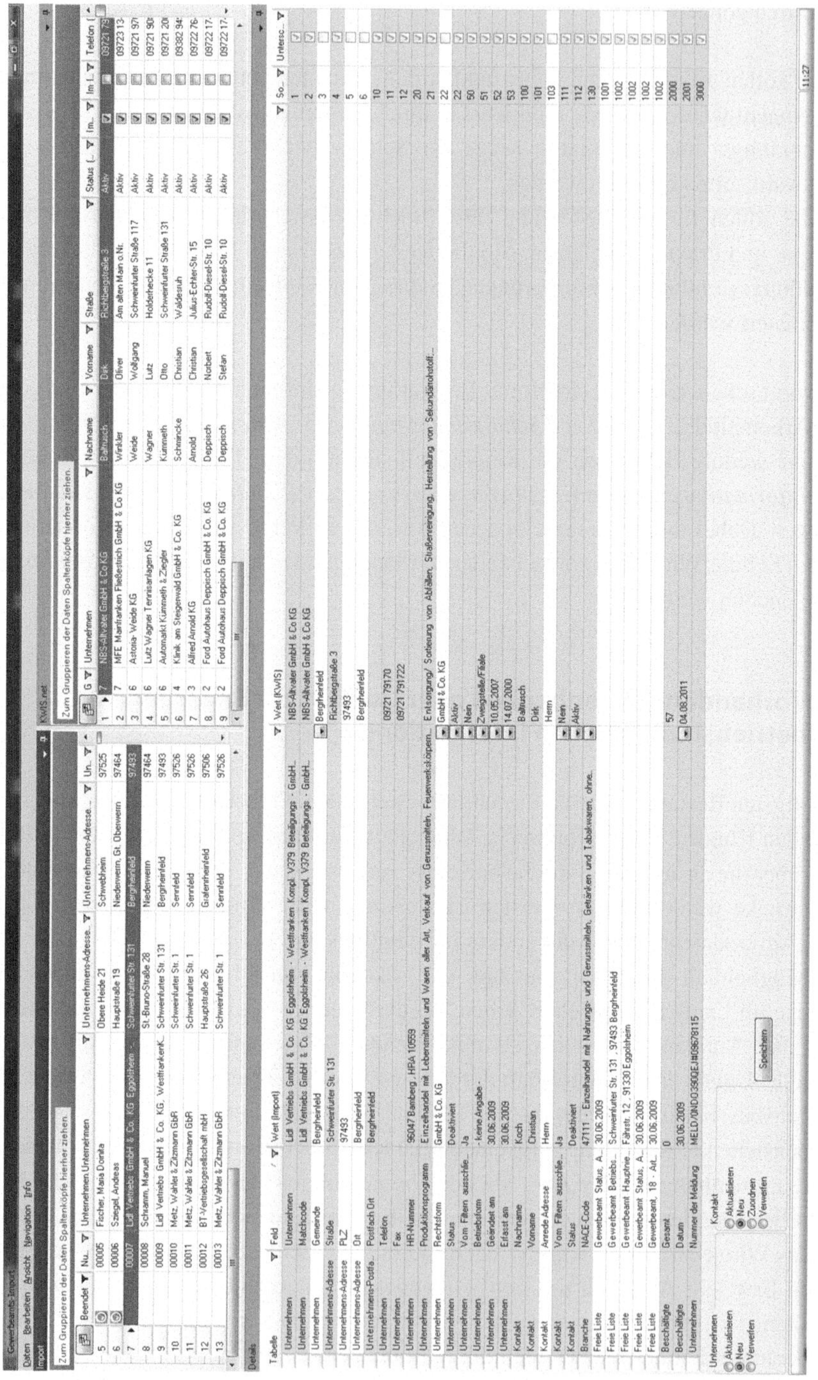

Abb. 2.8 Import von Daten aus dem Gewerberegister

Diesen Vorbehalten kann jedoch mit der folgenden Argumentation begegnet werden. Die im Rahmen der hoheitlichen Aufgabe der Gewerbemeldungen ermittelten Daten stellen eine nahe liegende und sehr wertvolle Datenquelle für die interne Arbeit der Wirtschaftsförderung dar, so dass sich die Entwicklung einer Schnittstelle zur regelmäßigen und automatisierten Weitergabe der relevanten Gewerberegisterdaten in die Wirtschaftsförderungssoftware aufdrängt. Wäre eine Weitergabe der Gewerberegisterdaten nicht möglich, entstünde der Wirtschaftsförderung ein unverhältnismäßig hoher Aufwand, diese Daten auf alternativen Wegen zu ermitteln. Die erforderlichen Erhebungen – in der Regel schriftliche Befragungen – sind mit hohen Personal- und Sachkosten verbunden und lassen sich gerade mit Blick auf die erforderliche laufende Aktualisierung der Daten nicht wirtschaftlich darstellen. Damit sind auch die Voraussetzungen des § 14(6) der Gewerbeordnung zur Datenweitergabe erfüllt.

Eine in den Verwaltungen bisher nur wenig geprüfte Möglichkeit zur kostengünstigeren Fortschreibung und Aktualisierung von Unternehmensdaten könnte im Aufbau eines ämterübergreifenden Informationssystems bestehen. Verschiedene Ämter oder Abteilungen der Verwaltung benötigen für ihre Arbeit unternehmensbezogene individuelle Daten: Bauämter, Liegenschaftsämter, Umweltämter usw. Durch die Organisation einer gemeinsamen Datenbanknutzung oder durch einen intelligenten Datenaustausch könnten die Kosten der Datenaktualisierung deutlich vermindert werden.

Andere mögliche Datenquellen zu ansässigen Unternehmen sind etwa die Unternehmensverbände (IHK, HWK) oder professionelle Adressdaten-Anbieter. Die Industrie- und Handelskammern sowie die Handwerkskammern verfügen in der Regel über Datenbanken, mit denen sie ihre Mitgliederverzeichnisse führen und die Kommunikation mit ihren Mitgliedern organisieren. Eine Bereitstellung dieser Informationen für die Zwecke der kommunalen Wirtschaftsförderung ist bisher nur in einigen wenigen Projekten vorgenommen worden. Und dann auch nur, um Unternehmensinformationen mit wenigen Merkmalen auf öffentlichen Internetportalen zu präsentieren. Informationssysteme mit funktionsfähigen Schnittstellen zum regelmäßigen Austausch von Unternehmensdaten zwischen Verwaltung und Unternehmensverbänden sind bisher noch nicht im Einsatz.

Somit kommen als Datenquelle für betriebsindividuelle Informationen neben den Gewerbeämtern in erster Linie professionelle Anbieter von Datenbanken in Frage. Als Beispiele seien hier der Verband der Vereine Creditreform e.V., beDirect GmbH & Co. KG, der Hoppenstedt-Verlag oder die Schober Information Group genannt. Zur Darstellung der technischen Möglichkeiten und der Datenbankinhalte wird im Folgenden die Datenbank beDirect vorgestellt.

BeDirect GmbH & Co. KG ist ein Joint Venture von arvato (Bertelsmann Gruppe) und Creditreform. Die über eine Datenpflege von bundesweit 130 Creditreform-Büros und von beDirect aufgebaute Datenbank enthält gegenwärtig über 4 Millionen Adressen von wirtschaftlich aktiven Firmen und Organisationen in Deutschland. Dieser Datenanbieter liefert bei Bedarf Adressdaten, die in den letzten 12 Monaten mindestens einmal komplett überarbeitet wurden. Zu den wirtschaftlich aktiven Betrieben werden unter anderem jene gerechnet, für die es (Bonitäts-) Anfragen gegeben hat oder die Investitionen getätigt haben.

Durch die regelmäßige Prüfung der wirtschaftlichen Aktivität (u. a. auch über die postalische Zustellprüfung) wird sichergestellt, dass Nebenerwerbsbetriebe, insolvente, abgemeldete oder Betriebe mit unzureichender Bonität nicht im Lieferumfang enthalten sind.

Die Adressdaten können die folgenden Merkmale zum Unternehmen enthalten: Name des Unternehmens, Anschrift, Kontaktperson (Entscheider), E-Mail-Adresse, Tel.-Nr., Fax, Beschäftigtenzahl, Umsatz, Produktionsprogramm, Rechtsform, Tätigkeitsbeschreibung. Klassische CRM-Systeme besitzen Importschnittstellen zur Einbindung dieser Daten (Abb. 2.9, 2.10 und 2.11).

Ähnlich wie beim oben beschriebenen Import von Gewerbeamtsdaten kann beim Import von Unternehmensdaten aus professionellen Datenbanken vorgesehen werden, dass ein Abgleich zwischen dem zu importierenden Datensatz und dem ggf. bereits in der Datenbank vorhandenen Unternehmensdatensatz realisiert wird.

Interessant für die Einschätzung der vorhandenen Betriebsgrößenstruktur in den Regionen ist die Tatsache, dass ein Großteil der ansässigen Betriebe überwiegend im Segment der Betriebe mit unter 5 Beschäftigten angesiedelt ist. Als Beispiel sei hier die aufgrund der verfügbaren Creditreform-Daten gegebene Betriebsgrößenstruktur im Landkreis Osnabrück dargestellt (Tab. 2.12):

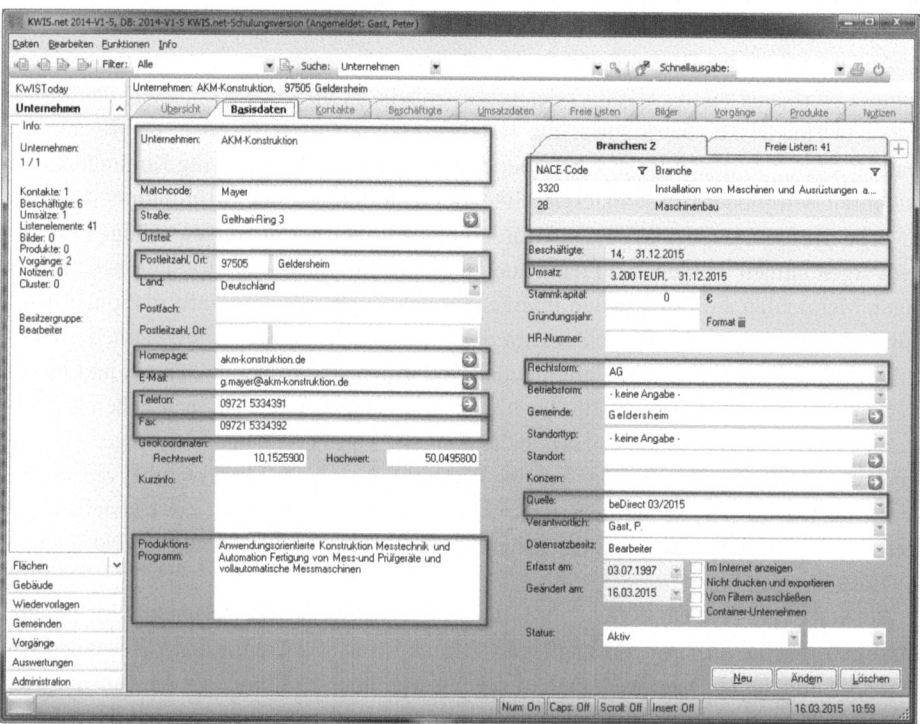

Abb. 2.9 Übernahme der Daten von professionellen Adressdatenbanken in ein Informationssystem

2.1 Verfügbare Datenbanken und Informationsquellen der Wirtschaftsförderung

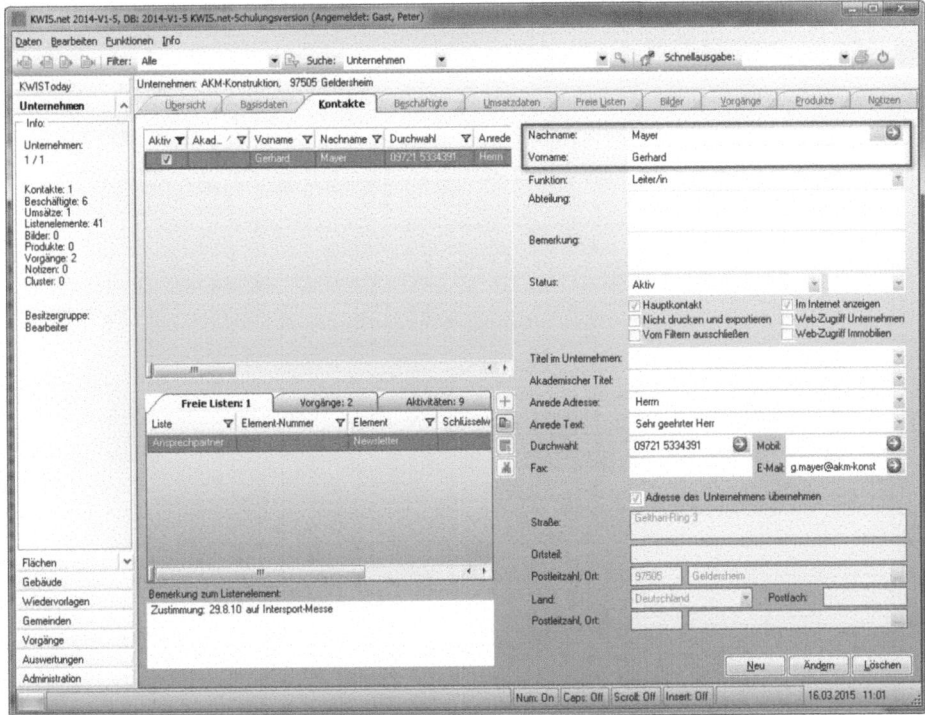

Abb. 2.10 Übernahme der Daten von professionellen Adressdatenbanken in ein Informationssystem

Mit der folgenden Abbildung wird noch einmal ein Gesamtüberblick über die notwendigen Anforderungen an ein umfassendes Informationssystem für die Wirtschaftsförderung gegeben. Mit der Einbindung von regional vorhandenen Informationen durch die Entwicklung bzw. Bereitstellung von Schnittstellen und Importroutinen kann der Aufwand für die Datenerfassung deutlich vermindert werden. Neben den oben beschriebenen Schnittstellen zu den Verfahren des Gewerberegisters sollten auch Möglichkeiten zur Durchführung von Standardimporten für Unternehmensdaten oder Informationen zu Kontaktpersonen eingerichtet werden.

Neben den Schnittstellen und Importfunktionen wird immer auch die persönliche Datenaktualisierung (von Unternehmens- und Kontaktpersonendaten, von Flächen und Immobilien usw.) durch die in der Wirtschaftsförderung tätigen Personen einen wesentlichen Beitrag zur Fortschreibung des Informationssystems leisten müssen. Beide Wege der Informationsgewinnung tragen zum Erfüllen der vielfältigen Anforderungen verschiedener Akteure an die Bereitstellung ökonomisch wichtiger Informationen bei. Die verschiedenen Ausgabemöglichkeiten von Informationssystemen sind auf der rechten Seite der Abbildung dargestellt. Dieser Bereich des Informationsmanagements wird bei der Darstellung von CRM-Systemen für die Wirtschaftsförderung ausführlicher behandelt (Abb. 2.12).

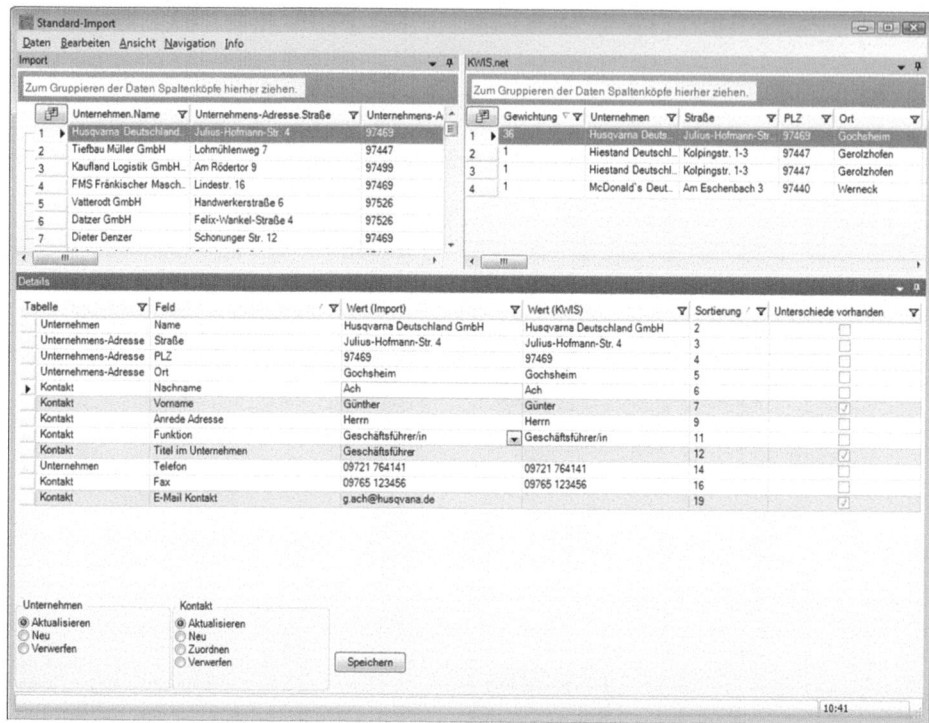

Abb. 2.11 Abgleich eines Datenimports im bestehenden Informationssystem

Tab. 2.12 Betriebsgrößenstruktur am Beispiel des LK Osnabrück

Unternehmen mit Beschäftigtenangaben		
insgesamt:	9.053	
ab 2 Beschäftigten:	4.709	
ab 3 Beschäftigten:	3.460	
ab 5 Beschäftigten:	2.498	28 %
ab 10 Beschäftigten:	1.365	
ab 20 Beschäftigten:	746	

Quelle: GEFAK, eigene Berechnung nach Creditreform

Kontroll- und Lernfragen

- Welche unterschiedlichen Informationsgrundlagen spielen für die harten und weichen Standortfaktoren eine Rolle?
- Welche Einflussmöglichkeiten besitzt die Wirtschaftsförderung auf die verschiedenen Standortfaktoren?
- Welches sind die wichtigsten Informationsquellen für die kommunale Wirtschaftsförderung?

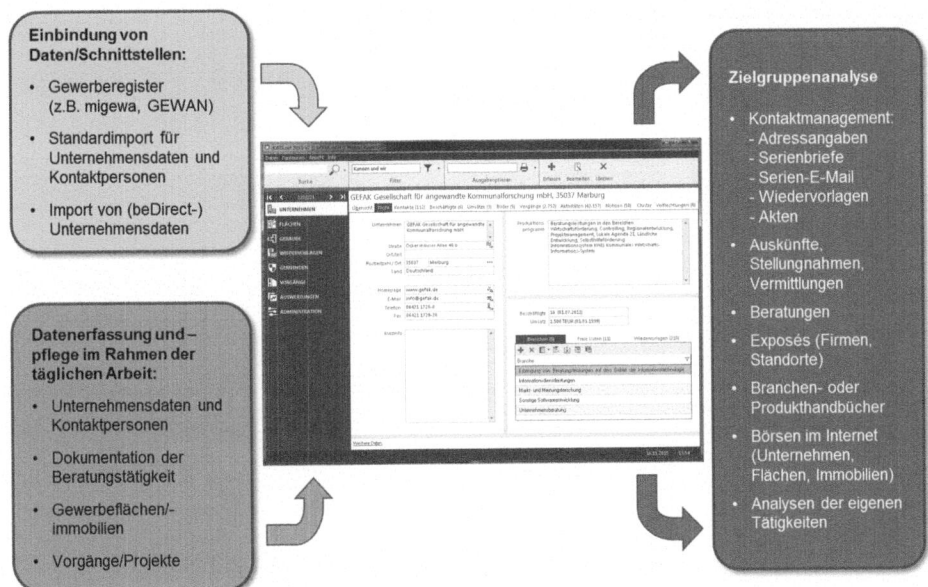

Abb. 2.12 KWIS und Schnittstellen

- Welche Standortkriterien sind bei der Flächensuche von Investoren relevant und wie können sie durch die Wirtschaftsförderung bereitgestellt werden?
- Welche Informationsbereitstellung bietet sich für die Wirtschaftsförderer im Internet an, um die eigenen Flächen für eine Vermarktung zu präsentieren?

Literatur

Bathelt, H., & Glückler, J. (2012). *Wirtschafsgeographie: ökonomische Beziehungen in räumlicher Perspektive*. UTB. Stuttgart.

Blume, L. (2003). *Kommunen im Standortwettbewerb*. Nomos Verlagsgesellschaft Baden-Baden.

Ellrich, M. (2012). *Geographie Infothek: Regionalpolitik, Infoblatt Cluster*. Klett-Verlag. Leipzig.

Grabow, B., Henckel, D., & Hollbach- Grömig, B. (1995). *Weiche Standortfaktoren*. Verlag W. Kohlhammer. Stuttgart/Berlin/Köln.

Grabow, B., Meier, J., Siedel-Schulze, A., Zwicker- Schwarm, D., Blümling, S., & Bunde, J. (2011). Flächen ins Netz (FLITZ) – Aktivierung von Gewerbeflächenpotenzial durch E-Government. Berlin: Difu- Impulse.

Kampermann, M. T. (2003). Standortsuche der BMW Group. Dortmund.

Ottmann, M., & Lifka, S. (2010). *Methoden der Standortanalyse*. WBG (Wissenschaftliche Buchgesellschaft). Darmstadt.

Porter, M. (1990). *The competitive advantage of nations*. Simon & Schuster. London: Macmillan.

3 Baustein 2: Einsatz von Informationssystemen in der Wirtschaftsförderung

Zusammenfassung
Die kommunalen Wirtschaftsförderer verstehen sich zunehmend als Dienstleister für die lokale Wirtschaft und die Bürgerschaft. Die ansässigen Unternehmen werden zum „Kunden" der Wirtschaftsförderung, deren Dienstleistungsangebote auf die Bedürfnisse ihrer Klientel ausgerichtet werden müssen. Die kundenorientierte Strategie wird nur funktionieren, wenn ein intensiver Dialog zwischen der Verwaltung und den Unternehmen aufgebaut wird. Dieser Dialog und die gezielte Ansprache der Unternehmen kann nur mit den Mitteln eines modernen Informationsmanagements erreicht werden.

Lernziele
Mit diesem Baustein soll vermittelt werden, welche Arten von Informationssystemen in der Wirtschaftsförderung genutzt werden, um die eigenen Informationen bereitzuhalten und zu pflegen und für die externe Nutzung bereitzustellen. Dabei sollen auch die verschiedenen Ziele des Informationsmanagements näher betrachtet werden. Darüber hinaus werden das Akteursumfeld der Wirtschaftsförderung mit seinen Informationsanforderungen analysiert und die Möglichkeiten einer Einbindung dieser Akteure in das Informationsmanagement geprüft.

Bunde, Jürgen: Kommunale Wirtschaftsförderung und E-Government, in: Stember, Jürgen / Göbel, André (Hg.): Verwaltungsmanagement für Unternehmen – Zwischen EU-Dienstleistungsrichtlinie, Bürokratieabbau und Wirtschaftsförderung-, S. 319ff., Berlin 2008.

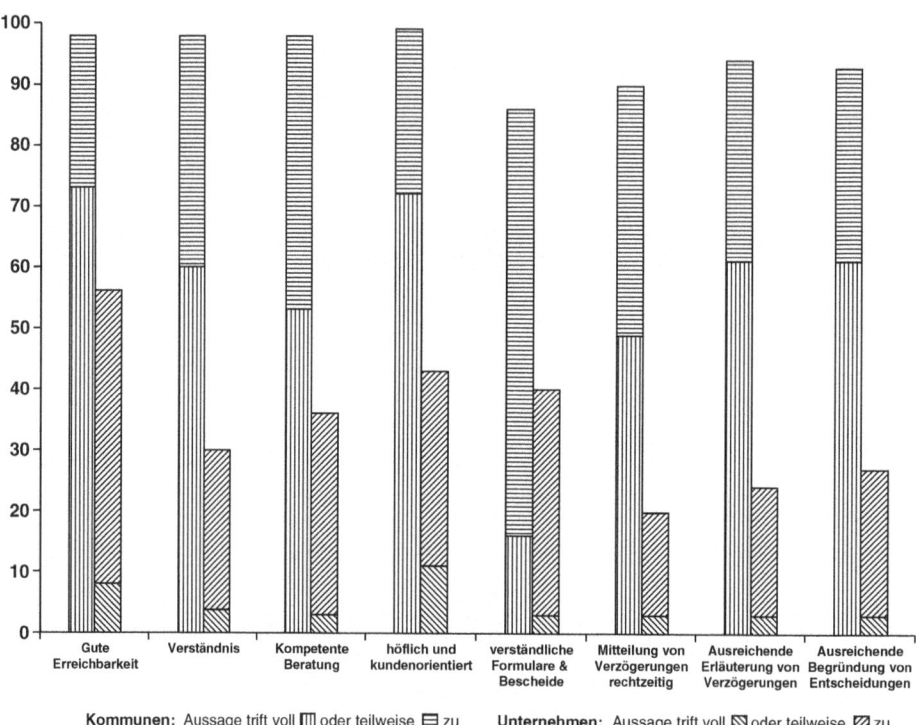

Abb. 3.1 Wirtschaftsorientierte Angebote der Kommunen und Wahrnehmung durch die Unternehmen

3.1 Ziele bei der Einführung von Informationssystemen

In einer groß angelegten Umfrage des Arbeitskreises „Mittelstand und Verwaltung" der Mittelstandsoffensive NRW move im Jahr 2001 haben sich im Ergebnis die erheblichen Kommunikationsdefizite im Verhältnis zwischen Verwaltung und Unternehmen gezeigt: Behörden und Mittelstandsbetriebe reden häufig aneinander vorbei. Diskrepanzen gibt es nicht nur hinsichtlich der Inanspruchnahme von Dienstleistungsangeboten der Kommunen, sondern auch in Bezug auf die jeweilige Einschätzung der Dienstleistungsmentalität (Abb. 3.1).

Etwa zwei Drittel der Betriebe haben in dieser Befragung von move angegeben, dass sie sich von Kommunen ungenügend in den für sie wichtigen Themen informiert sehen.[1] Die Kommunikationsprobleme sind jedoch nicht unbedingt allein darin zu sehen, dass die Verwaltung ihre Dienstleistungen nicht genügend nach außen darstellt. Unternehmen melden sich häufig mit Problemen in der Wirtschaftsförderung, wenn es für eine Unterstützung zu spät ist oder auch wenn die Problemlösung gar nicht mehr im Einflussbereich der Wirtschaftsförderung liegt.

---

[1] Mittelstandsoffensive NRW (MOVE): Kommunal – und Unternehmensbefragung der Mittelstandsoffensive NRW MOVE. 2. Überarbeitete Ausgabe, Düsseldorf 2001.

3.1 Ziele bei der Einführung von Informationssystemen

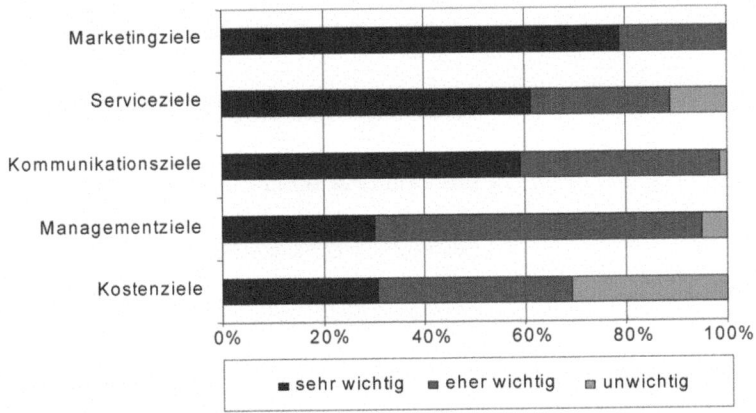

Abb. 3.2 Ziele des IT-gestützten Informationsmanagements

Der zunehmende Servicegedanke der Wirtschaftsförderung und die effizientere Erledigung der täglichen Arbeitsabläufe in der Wirtschaftsförderung sind die hauptsächlichen Triebfedern zur Einführung von Informationssystemen in den Wirtschaftsförderungseinrichtungen. Eine stärker an den Themen und Aufgaben der Wirtschaftsförderung orientierte Untersuchung von Glaser[2] sieht insbesondere die Marketing-, die Service- und die Kommunikationsziele als bedeutend an (Abb. 3.2).

Die Untersuchung von Glaser bezieht sich auf eine Grundgesamtheit von 191 Einrichtungen für Wirtschaftsförderung in allen Städten über 50.000 Einwohner und eine 50% Stichprobe von Landkreisen (n=165). Geantwortet haben 158 Institutionen (59% Städte, 39% Landkreise, 2% regional oder landesweit tätige Einrichtungen). Alle Wirtschaftsförderungseinrichtungen halten das Marketingziel für ein sehr oder eher wichtiges Ziel eines IT-gestützten Informationsmanagements. Jeweils mehr als 60% dieser antwortenden Institutionen sehen die Service- und Kommunikationsziele als sehr wichtig an. Im Folgenden sollen die einzelnen Merkmale dieser Unterziele eines IT-gestützten Informationsmanagements näher betrachtet werden (Abb. 3.3).

Während die *Steigerung der Bekanntheit des Wirtschaftsstandorts* und die *Förderung der Bestandspflege und Netzwerkbildung* als sehr wichtige Marketingziele betrachtet werden, wird der *Steigerung der Akzeptanz der Wirtschaftsförderung* innerhalb der Verwaltung nur eine untergeordnete Bedeutung beigemessen. Die Verfolgung von Marketingzielen mit dem Instrument des Informationsmanagements setzt natürlich voraus, dass die wesentlichen Faktoren für ein erfolgreiches „Stadt- oder Kommunalmarketing" bekannt sind und entsprechende Informationen über diese Faktoren überregional als „Marke" auch kommuniziert werden.

---

[2] Glaser, Jürgen: Informationsmanagement in der Wirtschaftsförderung, in: Gärtner/Terstriep/Widmaier (Hrsg.), a.a.O., S. 133–148.

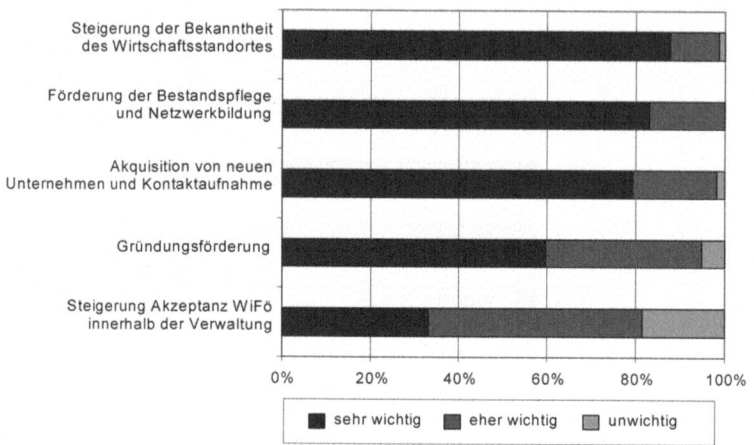

Abb. 3.3 Marketingziele

▶ *Als weiterführende Literatur für ein professionelles Marketing kann auf das Lehrbuch von Jourdan, Rudolf: Professionelles Marketing für Stadt, Gemeinde und Landkreis, Sternenfels 2007 verwiesen werden.*

Damit muss das Marketing zur Bekanntheitssteigerung des Standorts in hohem Maße auch die Möglichkeiten der Internetpräsentation einbeziehen. Weiterhin wird es notwendig sein, möglichst viele Akteure in der Region zu gewinnen, die ebenfalls über ihre Informationswege eine Standortwerbung unterstützen. Neben den Maßnahmen der Wirtschaftsförderung zur Verbesserung des Standortmarketings müssen auch die anderen Verwaltungsbereiche ihren Beitrag leisten, um als attraktiver Wirtschaftsstandort nicht nur durch die bereits ansässigen Unternehmen, sondern auch durch potenzielle neuansiedelnde Unternehmen wahrgenommen werden zu können (Abb. 3.4).

Durch ein IT-gestütztes Informationsmanagement soll nach Auffassung der antwortenden Einrichtungen in erheblichem Maße auch zu einer *Verbesserung der Informations- und Servicequalität und zur Beschleunigung von Bearbeitungsprozessen* beigetragen werden. Als weniger bedeutend werden die *Vernetzung von öffentlichen Dienstleistungen* und die *Transparenz von Organisationsstrukturen und Verwaltungsprozessen* erachtet.

Auch die Antworten zu den mit der Einführung von Informationssystemen angestrebten Kommunikationszielen bestätigen, dass die Wirtschaftsförderungen mit diesem Instrument insbesondere ihre Außenwirkung, nicht dagegen die interne Kommunikation oder die Kommunikationsprozesse zwischen Wirtschaftsförderung und Verwaltung verbessern möchten (Abb. 3.5).

In gleicher Weise gilt hinsichtlich der Verfolgung von Managementzielen, dass die mögliche Außenwirkung als deutlich wichtiger bewertet wird als die Binnenwirkung zur Steigerung der Mitarbeiterzufriedenheit (Abb. 3.6).

3.2 Zu beteiligende Akteure oder Institutionen beim Aufbau von Informationssystemen

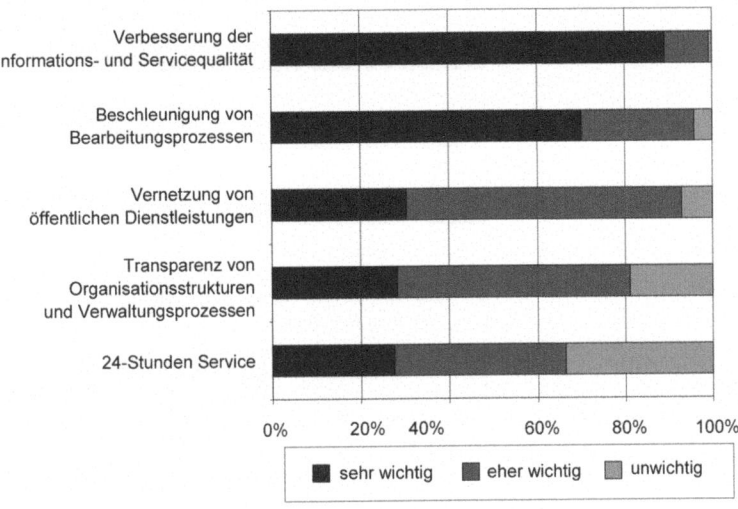

Abb. 3.4 Serviceziele

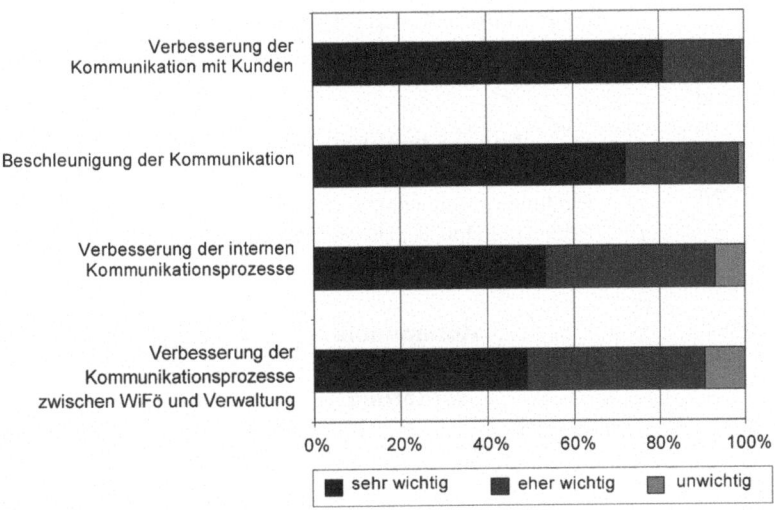

Abb. 3.5 Kommunikationsziele

3.2 Zu beteiligende Akteure oder Institutionen beim Aufbau von Informationssystemen

Da in den Ausführungen zu den Zielen einer Einführung von IT-gestützten Informationssystemen verdeutlicht werden konnte, dass die Außenwirkung einen wesentlich höheren Stellenwert besitzt als die Verbesserung interner Prozesse, muss vor der Einführung

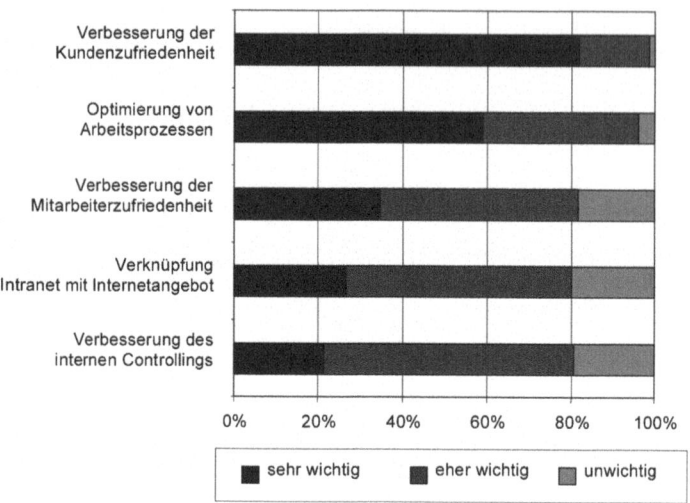

Abb. 3.6 Managementziele

Abb. 3.7 Akteurumfeld kommunaler Wirtschaftsförderung

entsprechender Systeme untersucht werden, welche regionalen Akteure oder Institutionen auf welche Weise in den Prozess der Informationsgewinnung und -verbreitung einzubinden sind. Die Abbildung von Blume veranschaulicht, dass neben der kommunalen Wirtschaftsförderung weitere Fachämter in der Verwaltung durch ihre Tätigkeit Einfluss auf die wirtschaftliche Entwicklung ausüben. Daneben agieren eine Reihe weiterer lokaler Entscheidungsträger mit einem mehr oder weniger großen Einfluss auf die kommunale Wirtschaftsentwicklung, durch deren Einbindung eine Effizienzsteigerung der Wirtschaftsförderung erreicht werden kann (Abb. 3.7).

3.2 Zu beteiligende Akteure oder Institutionen beim Aufbau von Informationssystemen 41

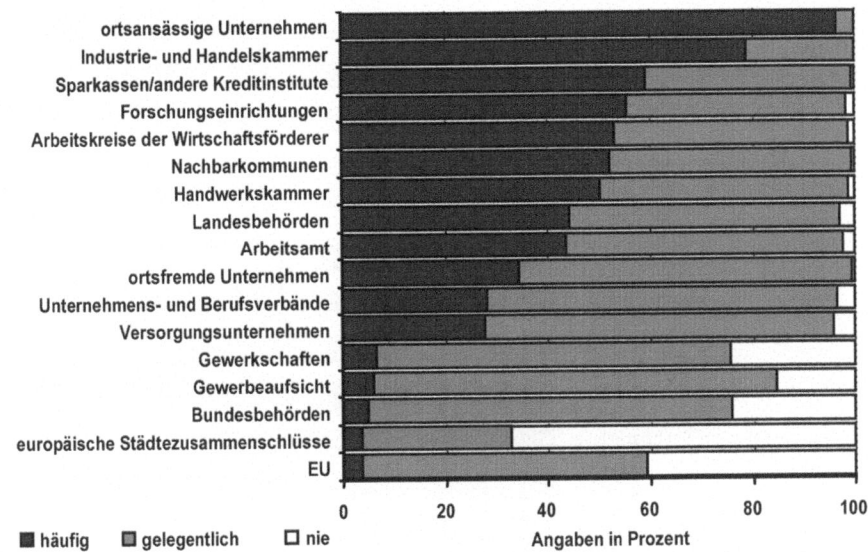

Abb. 3.8 Informations- und Kontaktenetze der Wirtschaftsförderung – Alle Städte

Da die in der unten stehenden Abbildung aufgeführten wirtschaftlich relevanten Akteure die wirtschaftliche Entwicklung einer Region entscheidend mitgestalten, ist eine erfolgreiche Arbeit der Wirtschaftsförderung ohne Kontaktpflege und Kommunikation nicht möglich (Abb. 3.8).[3]

An der von Hollbach-Grömig beschriebenen Untersuchung des difu im Jahr 2001 haben sich 169 Städte (145 aus den „alten" und 24 aus „neuen" Bundesländern) beteiligt. Mit Abstand wichtigste Kontaktpartner sind die ortsansässigen Unternehmen, gefolgt von Industrie- und Handelskammern sowie von Sparkassen und anderen Kreditinstituten. Auch die Kontakte zu Forschungseinrichtungen und zu Arbeitskreisen der Wirtschaftsförderer sind wichtiger geworden. Mit zunehmender Größe der Städte nehmen die Kontakte an Häufigkeit und Intensität zu. Dies dürfte nicht an der höheren Personalausstattung liegen.

Zu ähnlichen Ergebnissen gelangt die Untersuchung von Blume. Auch in seiner Befragung ostdeutscher Kommunen über 10.000 Einwohner haben von 159 antwortenden Einrichtungen jeweils etwa 90 % geantwortet, dass sie mit der Industrie- und Handelskammer, privaten Unternehmen und dem Arbeitsamt zusammenarbeiten. Da diese Frage nicht auf die Intensität des Kontakts bzw. der Kooperation abzielte, wurde in seiner Untersuchung eine Frage ergänzt, mit der die Qualität des interinstitutionellen Kooperationsklimas gekennzeichnet werden sollte (Abb. 3.9 und 3.10).

Die Kommunikation und der Informationsaustausch sowie die Zusammenarbeit in konkreten Projekten werden überwiegend als sehr gut oder gut bezeichnet. Diese Form der

---

[3] Hollbach-Grömig, Beate, Stand der Dinge: Wie sieht Wirtschaftsförderung wirklich aus? In: Gärtner et al. 2006, S. 124.

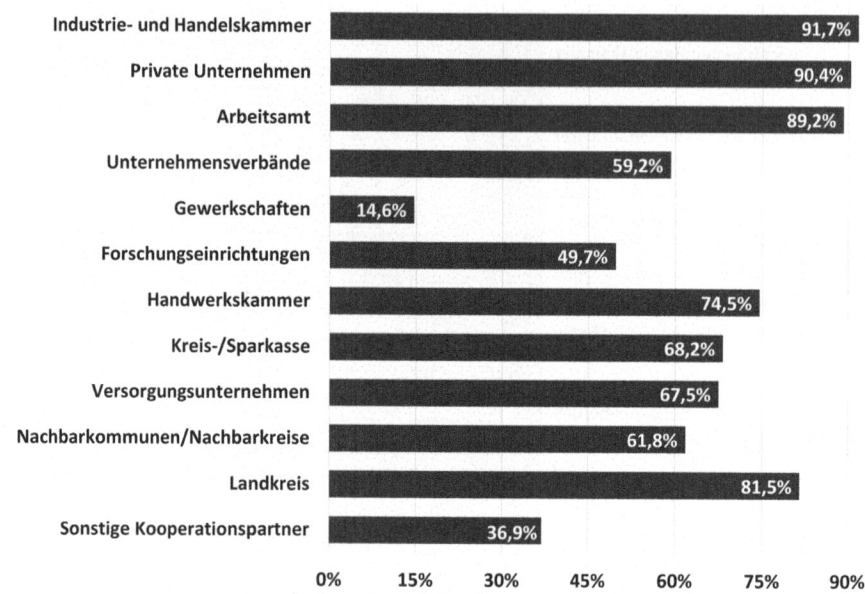

Abb. 3.9 Verwaltungsexterne Kontakte der kommunalen Wirtschaftsförderung; Blume 2003, S. 149

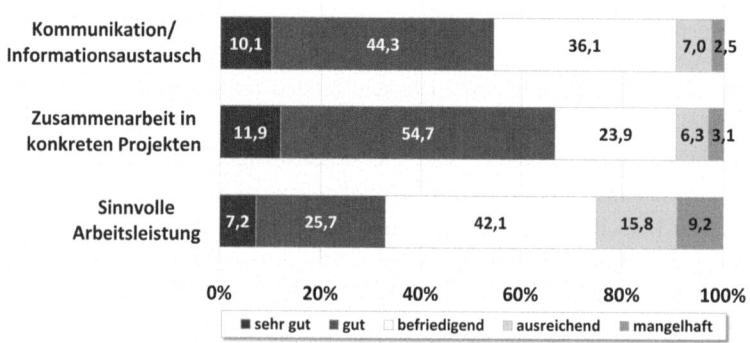

Abb. 3.10 Qualität des interinstitutionellen Kooperationsklimas; Blume 2003, S. 151

Befragung (metrische Skalierung nach Schulnoten für die Kooperationsbewertung über alle Gruppen hinweg) wurde im Gegensatz zur Difu-Befragung (mit der Differenzierung nach häufig, gelegentlich, nie für jeden Kooperationspartner) vorgenommen, da die vorherigen Experteninterviews gezeigt haben, dass die Kommunen dazu tendierten, das Kooperationsklima insgesamt zu bewerten.

Die gegenwärtige Zusammenarbeit im Bereich des Informationsmanagement zwischen den Wirtschaftsförderungseinrichtungen und anderen Bereichen der Verwaltung ist noch nicht besonders stark ausgeprägt. In einer Studie der GEFAK zur Kooperation zwischen

3.2 Zu beteiligende Akteure oder Institutionen beim Aufbau von Informationssystemen

Wirtschaftsförderung und Jobcenter[4] zeigte sich beispielhaft, dass die Organisation von gemeinsamen Informationsveranstaltungen oder Messen gerade einmal von einem Drittel der Wirtschaftsförderer als Maßnahme einer konkreten Zusammenarbeit verfolgt wurde. Bei den weitergehenden Formen eines kommunalen Informationsaustauschs (Austausch von Unternehmensdaten oder allgemeiner Informationsaustausch) waren die Anteile mit 16 % bzw. 5,8 % sogar noch deutlich niedriger.

Auch die gleichzeitig telefonisch interviewten Jobcenter[5] sehen zwar deutliche Vorteile einer intensiveren Zusammenarbeit bezüglich der Informationspolitik. Aber auch in ihrem Bereich überwiegen bisher unverbindlichere Formen des Informationsaustauschs: „Man hat mal zusammen gesessen". Dabei sind die von den Befragten beschriebenen Vorteile einer Kooperation mit der Wirtschaftsförderung vielfältiger Natur.[6] Gerade für Optionskommunen, die ihren Status erst seit kurzem (mit dem Start Anfang 2012) innehaben, sind die bereits existierenden Daten über Unternehmens- und Arbeitsmarktentwicklungen von großem Vorteil, da sie Zeit und Geld für eigene Recherchen sparen.

Dieses beinhaltet, dass die Wirtschafts- und Beschäftigungsförderung der Landkreise oder der kreisfreien Städte gemeinsam auf den Arbeitgeber zugehen können. So werden doppelte Ansprachen und Mehrfachtermine vermieden, die für die Arbeitgeber erhöhten Zusatzaufwand bedeuteten. Vielmehr wird es für die Unternehmen leichter, sich sowohl mit Vertretern der Wirtschafts- als auch der Beschäftigungsförderung zusammen zu setzen und so ihre Anliegen zeitgleich und vollumfänglich allen relevanten Akteuren der Verwaltung vorbringen zu können (Abb. 3.11).

Das Lernziel dieser Einheit besteht darin, dass den Studierenden die Bedeutung von Wissen und Information als entscheidende Parameter und Faktoren für die zukünftige wirtschaftliche Entwicklung bewusst werden. Die regionale Wettbewerbsfähigkeit wird zukünftig verstärkt von der regionalen Verfügbarkeit an Wissen und von den Kompetenzen der in ihnen handelnden Personen und Unternehmen abhängen. Das Informationsmanagement ist zu professionalisieren, wobei nicht nur die Bereitstellung der Informationen zu verbessern ist, sondern auch die Kommunikation mit den verschiedenen Akteuren intensiviert werden muss. Die Bedeutung der Wirtschaftsförderer als zentrale Wissensvermittler und Moderatoren von Informationsprozessen wird dabei deutlich zunehmen.

---

[4] Grundlage der Studie war eine Online-Befragung, zu der bundesweit 1.029 Wirtschaftsförderungseinrichtungen aus Landkreisen bzw. Städten mit mindestens 20.000 Einwohnern per E-Mail eingeladen wurden. 262 Einrichtungen (25,5 % Rücklauf) haben den Fragebogen ausgefüllt: Bunde, Jürgen/Schlenker, Maren: Kooperation zwischen Jobcenter und Wirtschaftsförderung – Ergebnisse einer Umfrage der GEFAK Gesellschaft für angewandte Kommunalforschung mbH, Marburg 2012.

[5] Von 108 Einrichtungen, die in Optionskommunen die Aufgaben als Arbeitgeberservice wahrnehmen, haben 47 an dem Telefoninterview teilgenommen (44 % Rücklauf).

[6] Vgl. zu den Vorteilen die angegebene Studie.

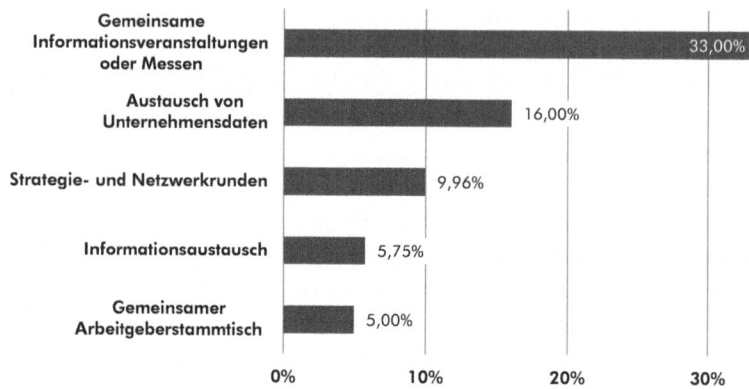

Abb. 3.11 Zusammenarbeitsformen mit Jobcentern; GEFAK 2012 (Mehrfachnennungen waren möglich; n = 261)

3.3 Wandel in der Bedeutung der Aufgabenfelder der Wirtschaftsförderung und Konsequenzen für das Datenmanagement

Die Fragen der notwendigen Informationserfassung und -bereitstellung für die verschiedenen Akteursgruppen hängen stark mit den wichtigen Themen und Aufgabenbereichen der Wirtschaftsförderung zusammen. Die Ausgestaltung des Informationsmanagements wird sich an den zukünftig zu erwartenden Aufgabenfeldern orientieren müssen. Hier soll auf zwei Untersuchungen des difu verwiesen werden. Zum einen lässt sich anhand des Beitrags von Hollbach-Grömig erkennen, dass die aktuellen Themenschwerpunkte der 169 befragten Städten im Jahr 2001 bei den klassischen Aufgabenfeldern lagen: Gewerbeflächenbereitstellung, Schaffung neuer Flächen und die Unterstützung bei der Standortsuche.

Deutliche Verschiebungen ergaben sich jedoch bei der Frage nach den künftigen Schwerpunktthemen. Besonders offensichtlich wird die damalige Erwartung, dass die Themen *Standortinfo per Internet und die IuK-Politik* (neue Medien) an Bedeutung gewinnen würden (vgl. Abb. 3.12). Wenn man die Erwartungen bezüglich der zukünftigen Themenschwerpunkte nach west- und ostdeutschen Bundesländern differenziert, werden auch regionale Unterschiede sichtbar (Abb. 3.13). Während in beiden Regionen die Bereitstellung von Standortinformationen über das Internet die höchste Bedeutung besaß, folgte in den westdeutschen Ländern die Gewerbeflächenbereitstellung, in den ostdeutschen der Technologietransfer (Abb. 3.14).

Zum anderen liefert die aktuelle Difu-Studie einen aktuellen Überblick über die Themenfelder der Wirtschaftsförderung. Es hat sich die 2001 durch die Wirtschaftsförderer vermutete Tendenz bestätigt, dass die Vermittlung und die Entwicklung von Gewerbe- und Industrieflächen den höchsten Stellenwert beibehalten werden. Auch das Standortmarketing

3.3 Wandel in der Bedeutung der Aufgabenfelder der Wirtschaftsförderung und... 45

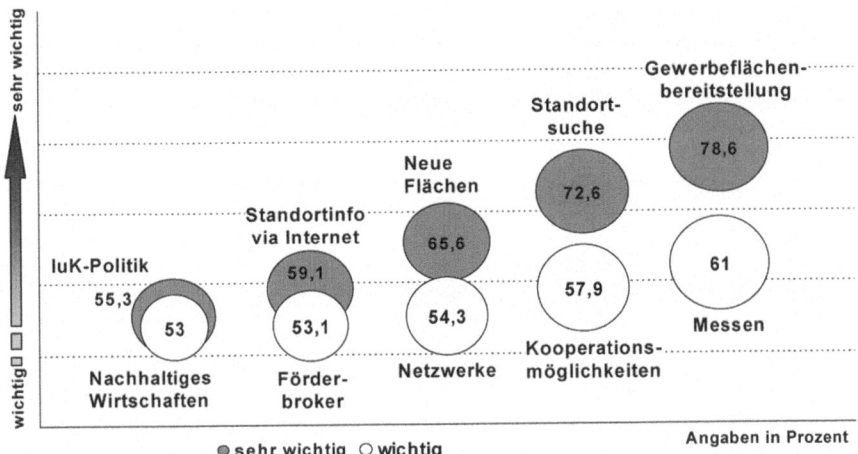

Abb. 3.12 Heutige Themen kommunaler Wirtschaftsförderung – Alle Städte; Hollbach-Grömig, in: Gärtner et al. 2006, S. 126

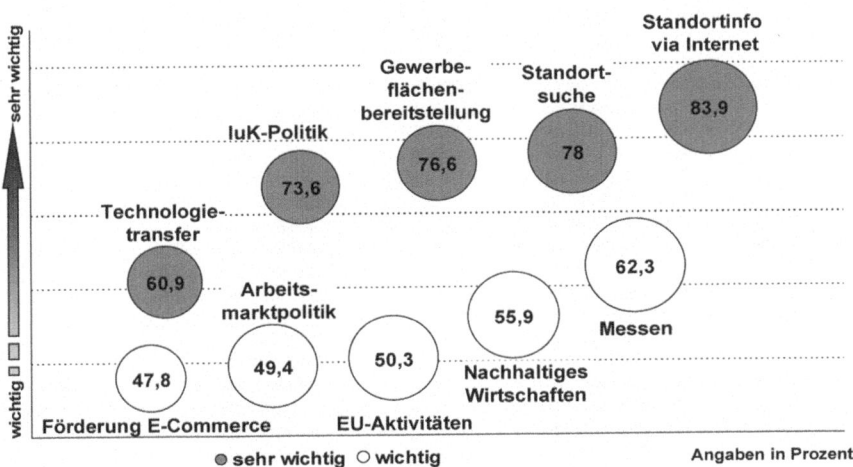

Abb. 3.13 Künftige Themenschwerpunkte kommunaler Wirtschaftsförderung – Alle Städte; Hollbach-Grömig, Beate, in: Gärtner et al. 2006, S. 127

(und damit die Notwendigkeit einer entsprechenden Informationsbereitstellung) hat seine hohe Bedeutung beibehalten. Es sind jedoch mit dem Fachkräftemangel und der lokalen Arbeitsmarkt- und Beschäftigungspolitik neue Aufgabenbereiche hinzugekommen, die dem für Unternehmen mittlerweile wichtigsten Standortfaktor Verfügbarkeit an qualifizierten Arbeitskräften zuzurechnen sind (Abb. 3.15).

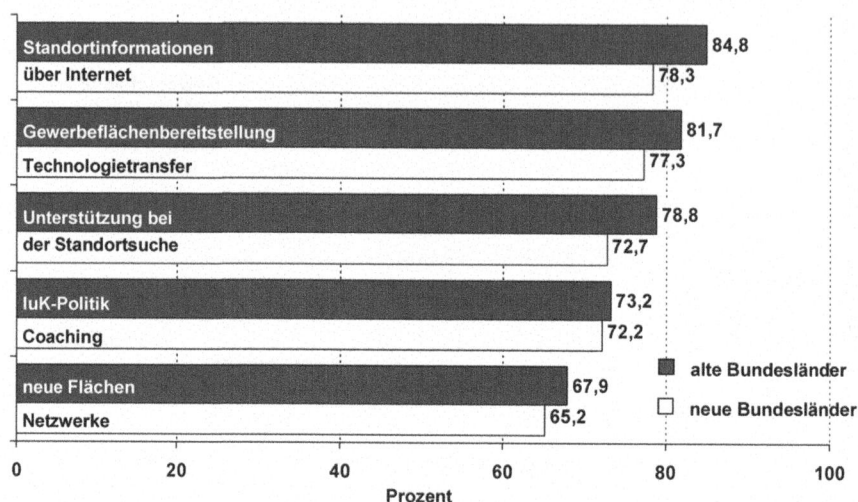

Abb. 3.14 Zukünftige Themenschwerpunkte kommunaler Wirtschaftsförderung – Alte und neue Bundesländer; Hollbach-Grömig, Beate, in: Gärtner et al. 2006, S. 129

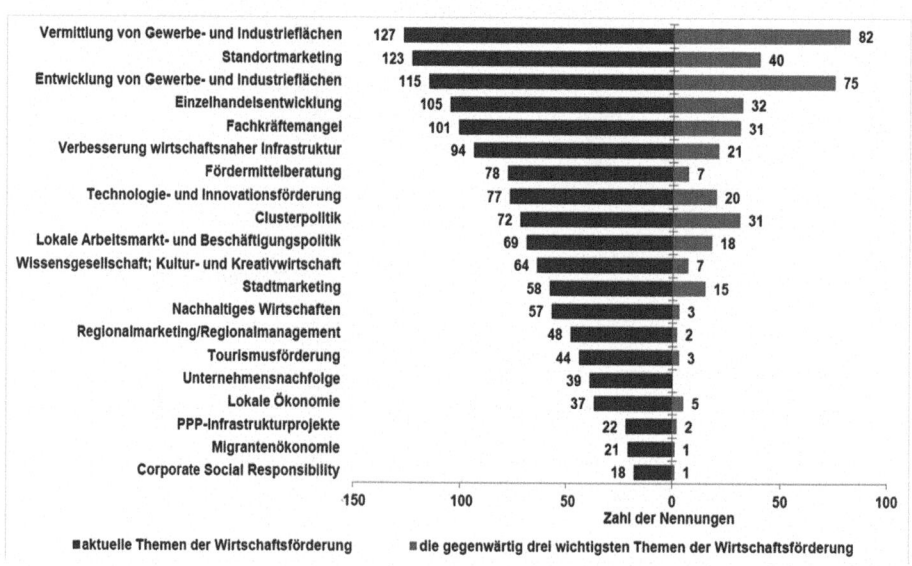

Abb. 3.15 Aktuelle Themenfelder der Wirtschaftsförderung; Zwicker-Schwarm, Daniel: Kommunale Wirtschaftsförderung 2012: Strukturen, Handlungsfelder, Perspektiven. Difu-Papers, Berlin 2013

3.4 Art von genutzten Informationssystemen

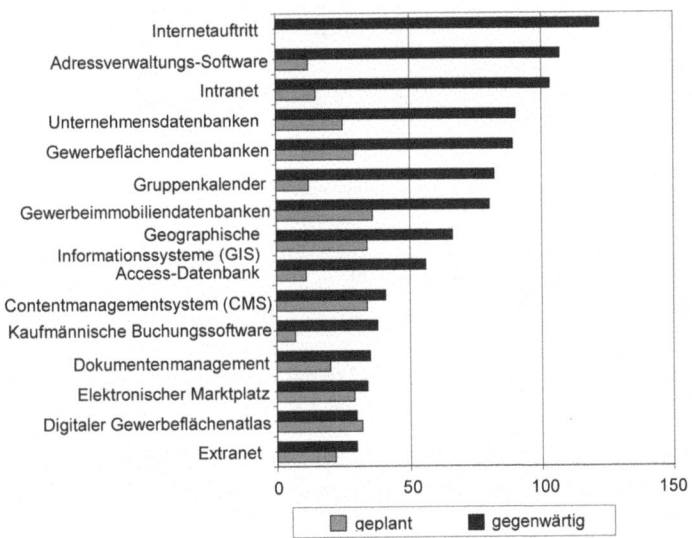

Abb. 3.16 Einsatz von IT-Systemen; Glaser, in: Gärtner et al. 2006, S. 143

3.4 Art von genutzten Informationssystemen

Die Auswahl des für die jeweilige Wirtschaftsförderungseinrichtung geeigneten Informationssystems wird sich wie beschrieben an ihren Aufgaben und Zielrichtungen orientieren. Wesentliche Bestimmungsgrößen für die Wahl eines Informationssystems sind die Verbesserung der Außendarstellung und die effizientere Gestaltung der internen Prozesse. Abb. 3.16 zeigt im Überblick die verschiedenen Formen von IT-Systemen zur Unterstützung der Tätigkeit der Wirtschaftsförderung.

Die von Glaser im Jahre 2005 durchgeführte Befragung dokumentiert, dass von den 158 antwortenden Institutionen (mit der Möglichkeit von Mehrfachnennungen) etwa 80 % einen eigenen Internetauftritt bereitgestellt hatten und jeweils etwa 70 % eine Adressverwaltungs-Software bzw. das Intranet nutzten. Insbesondere der Anteil der Institutionen mit Internetauftritt dürfte sich weiter erhöht haben. Die hohe Zahl von Nennungen in den verschiedenen IT-Systemen zeigt, dass die Wirtschaftsförderungen mehrere IT-Lösungen parallel nutzen, um ihre Aufgaben zu erfüllen.

Es gibt wenige aktuelle Untersuchungen zum Einsatz von IT-Systemen in der Wirtschaftsförderung. Die GEFAK hat im Jahr 2012 eine telefonische Marktanalyse zum Softwareeinsatz von Wirtschaftsförderungseinrichtungen in bundesweit 58 Städten zwischen 20.000 und 50.000 Einwohnern durchgeführt.[7] Für die in der Regel wichtigste Aufgabe der Wirtschaftsförderung, die Unternehmensansprache, hat von 47 antwortenden nur 1

---

[7] Bunde, Jürgen und Sosath, Olaf: Marktanalyse zum Softwareeinsatz in Wirtschaftsförderungen, Marburg 2013.

Tab. 3.1 Datenquellen für die Unternehmensansprache

Datenquelle	Anzahl
Gewerbeamt	37
IHK	13
BeDirect (Creditreform)	1
Internetrecherche	7
Presse	2
Eigene Internet-Datenbank mit Selbsteintrag von Unternehmen	13
andere	14

Quelle: Telefonische Befragung der GEFAK 2012 (n = 46, Mehrfachnennungen waren möglich)

Institution geäußert, ein CRM-System zu nutzen. Die anderen Einrichtungen haben Excel (26), Outlook (12), Access-Datenbanken (6) oder andere E-Mail-Programme (2, Lotus bzw. Groupwise).

Als Datenquellen für eine erfolgversprechende Unternehmensangabe wurden die folgenden gemäß Tab. 3.1 genannt. Interessant ist der sehr hohe Anteil der Nutzung von Daten aus dem Gewerbeamt, wobei ein automatisierter Abgleich nicht genutzt wird. Ein überraschend hoher Anteil betreibt eigene Unternehmensdatenbanken im Internet, in die Unternehmen sich direkt oder indirekt eintragen (lassen) können. Als andere Datenquellen werden selbst aufgebaute Datenbanken aus verschiedenen Quellen, soziale Netzwerke oder Branchenbücher genannt. Als IT-Instrumente für die Unternehmensansprache wurden (bei Mehrfachnennungen) von 48 antwortenden Institutionen Serienbriefe (27), Serien-E-Mails (23), Wifö-Newsletter (14) sowie andere wie Verwaltungsnewsletter oder Standortmagazine genannt. Für den Einsatz von CRM-Systemen in der Wirtschaftsförderung kann aufgrund dieser Studie noch ein erhebliches Potenzial festgestellt werden.

3.5 Einführung von Informationssystemen

Welche Hemmnisse oder Schwierigkeiten können ermittelt werden, die einem stärkeren Einsatz von IT-Systemen in der Wirtschaftsförderung entgegenstehen? Einen Hinweis liefert die Untersuchung von Glaser, deren Ergebnisse in Bezug auf die Probleme, die bei der Einführung von IT-Systemen gesehen wurden, mit der Abb. 3.17 dokumentiert werden. Mit großem Vorsprung werden Finanzierungsprobleme als Hemmnis der Einführung genannt. Auch die (oft nicht hinreichende) Mitarbeiterqualifikation wird als einschränkender Faktor gesehen. Die anderen genannten Gründe werden als weniger hinderlich angesehen.

Die Vielfalt der verschiedenen IT-Einsatzmöglichkeiten in der Wirtschaftsförderung zeigt der Beitrag von Stember auf.[8] Abb. 3.18 verdeutlicht die gestiegenen Anforderungen an die

---

[8] Stember, Jürgen: Strategische Wirtschaftsförderung – eGovernment, IT-Instrumente und Organisationswandel, in: Gärtner, et al., S. 89–108.

3.5 Einführung von Informationssystemen

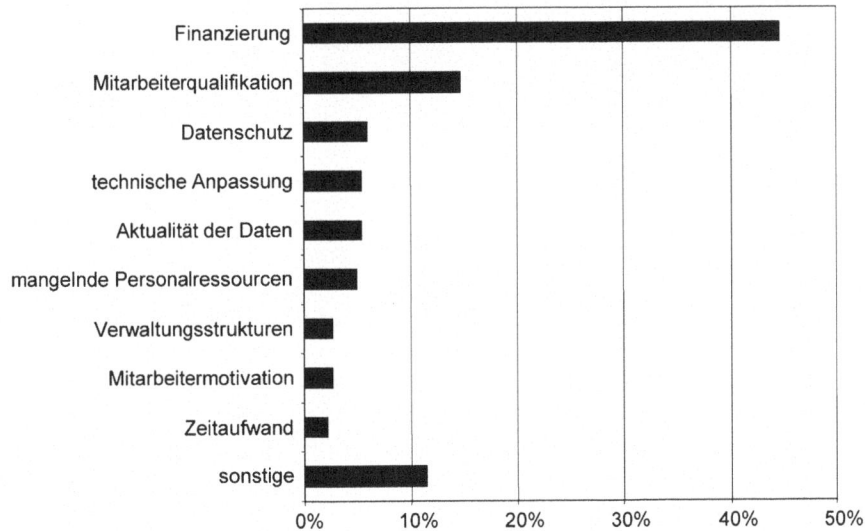

Abb. 3.17 Probleme der IT-Einführung; Glaser, Jürgen, in: Gärtner et al. 2006, S. 147

IT-Kompetenz der Mitarbeiter. Den richtigen Weg eines für den jeweiligen Standort geeigneten IT-Managements zu finden, wird immer schwieriger. Da die Wirtschaftsförderer als „Schnittstelle zwischen Verwaltung und Unternehmen" als wichtigster Informationsdienstleister fungieren, müssen sie nicht nur eine gemeinsame Nutzung des in der Verwaltung vorhandenen Datenmaterials vorantreiben, sondern darüber hinaus auch die Außendarstellung des Standorts über regionale Portale oder Kommunikationsplattformen professionalisieren.

Der Prozess einer Einführung von Informationssystemen muss sorgfältig und umfassend geplant werden.[9] Da diese Einführung eines neuen Systems in der Regel erhebliche Einflüsse auf die Arbeitsweise der jeweiligen Einrichtung besitzen wird, sind vielfältige Schritte nötig, um den Einführungsprozess für alle Beteiligten effizient und erfolgreich zu gestalten.

Die Abb. 3.18 stellt die notwendigen Aufgaben im Einführungsprozess dar. In diesem Zusammenhang ist insbesondere auf die folgenden notwendigen Schwerpunkte hinzuweisen:

- Es sind möglichst alle in der Wirtschaftsförderung beschäftigten Mitarbeiter/-innen in den Prozess einzubinden. Daten- und Informationsmanagement ist eine **gemeinsame Aufgabe** und sollte auch eine Mitwirkung der Amts- bzw. Geschäftsleitung bei der Datenpflege vorsehen.
- Die von der Wirtschaftsförderung zu dokumentierenden **Arbeitsfelder** und **Prozesse** müssen definiert und mit ihren jeweiligen Ausprägungen als Stammdaten festgelegt werden.

---

[9] Einen guten Überblick zum Prozess der Software-Einführung liefert der Band von Göbel, André/Kindel, Anne/Naumann, Ralph: Einführung von CRM-Software in Wirtschaftsförderungen, Schriften zur Wirtschaftsförderung des Fachbereichs Verwaltungswissenschaften der Hochschule Harz, Band 2, Halberstadt 2012.

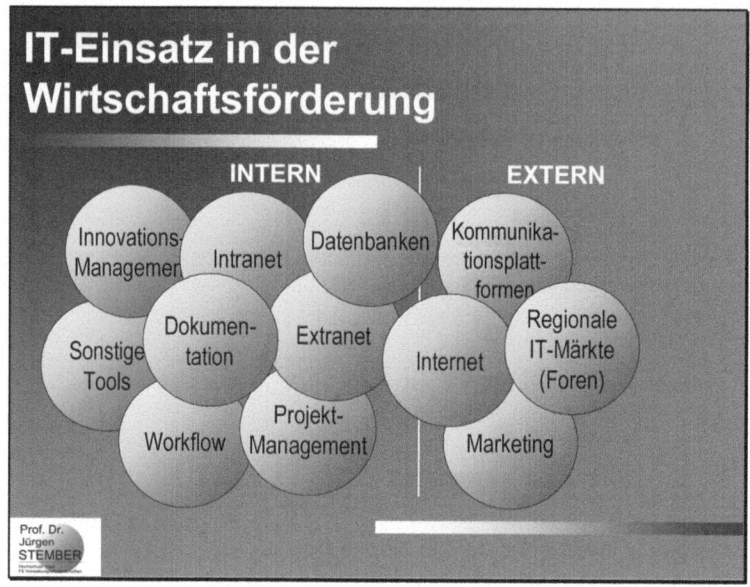

Abb. 3.18 IT-Einsatz in der Wirtschaftsförderung; Stember, Jürgen, in: Gärtner et al. 2006, S. 102

- Die **Ziele** und **Kennziffern**, die – evtl. aufgrund der Anforderungen aus der Verwaltungsspitze oder aus der Politik – für die Tätigkeit der Wirtschaftsförderung festgelegt wurden, müssen im Informationssystem so abgebildet werden, dass sie problemlos dokumentiert und ausgewertet werden können.
- Es sollten **Leitlinien** zur Nutzung des Informationssystems gemeinsam festgelegt werden, um ein einheitliches Datenmanagement zu erreichen (Abb. 3.19).

3.6 Ziele beim Einsatz von Informationssystemen

Die enormen Entwicklungen der Informationstechnologien ermöglichen eine stärker zielgerichtete Arbeitsweise der Wirtschaftsförderung. Mit den neuen Möglichkeiten der IT kann nicht nur die Außenwirkung verbessert, sondern es können in gleicher Weise die internen Arbeitsprozesse effizienter gestaltet werden. Damit erhöht sich jedoch gleichzeitig die Konkurrenzsituation gegenüber den Mitbewerbern anderer Regionen oder Standorte.

Als die wichtigsten Ziele für den Einsatz von Informationssystemen können die folgenden genannt werden:

- Starke Dienstleistungsorientierung der Wirtschaftsförderung: Unternehmer wird zum „Kunden" der Wirtschaftsförderung. Noch 2006 wurde bei einer Umfrage zum Thema Business-to-Government festgestellt, dass in vielen Verwaltungen ein

3.6 Ziele beim Einsatz von Informationssystemen

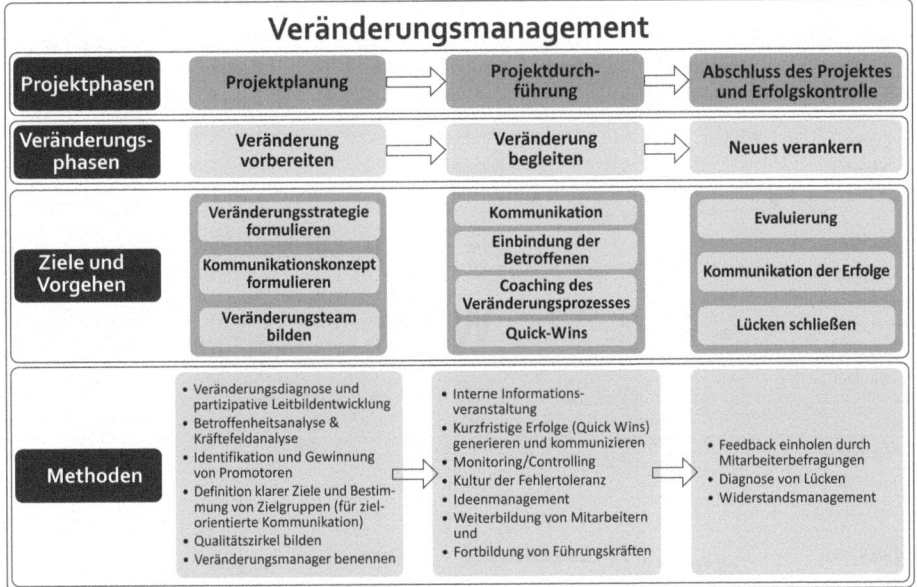

Abb. 3.19 Veränderungsmanagement; Göbel et al. 2012, S. 25

Online-Unternehmensservice weniger oder gar nicht wichtig sei.[10] Durch regelmäßige Befragungen der ansässigen Unternehmen ist sicher zu stellen, dass die Informationsangebote der Wirtschaftsförderung mit den Anforderungen der Unternehmen konform gehen.

- Die zunehmende Konkurrenz um Betriebe und Arbeitskräfte macht eine Wahrnehmung des eigenen Standorts immer wichtiger. Diese muss unter Umständen durch eine regionale Zusammenarbeit mit anderen Kommunen befördert werden. Die Außenwerbung und Internetpräsenz wird zu einem immer bedeutenderen Standortfaktor.
- Die steigende Bedeutung von Cluster- oder Kompetenznetzwerken erfordert den Aufbau und Betrieb von Informationsverbundsystemen. Verschiedene Untersuchungen haben nachgewiesen, dass insbesondere jene Unternehmen stärkere Umsatzzuwächse aufwiesen, die regional kooperiert haben.
- Nicht zuletzt wird mit dem Einsatz von IT in der Wirtschaftsförderung eine Verbesserung der internen Workflows verfolgt. Die Wirtschaftsförderer haben sich immer stärker zu Projekt- und Prozessmanagern entwickelt. Für die Erfüllung der damit zusammenhängenden Aufgaben sind sie auf entsprechende Tools bzw. IT-Instrumente angewiesen.

---

[10] Siehe hierzu Both, Wolfgang: Der Nutzen von Wirtschaftsportalen am Beispiel der Bundeshauptstadt Berlin, in: Stember, Jürgen/Göbel, André: Verwaltungsmanagement für Unternehmen, S. 302–315, Both 2008.

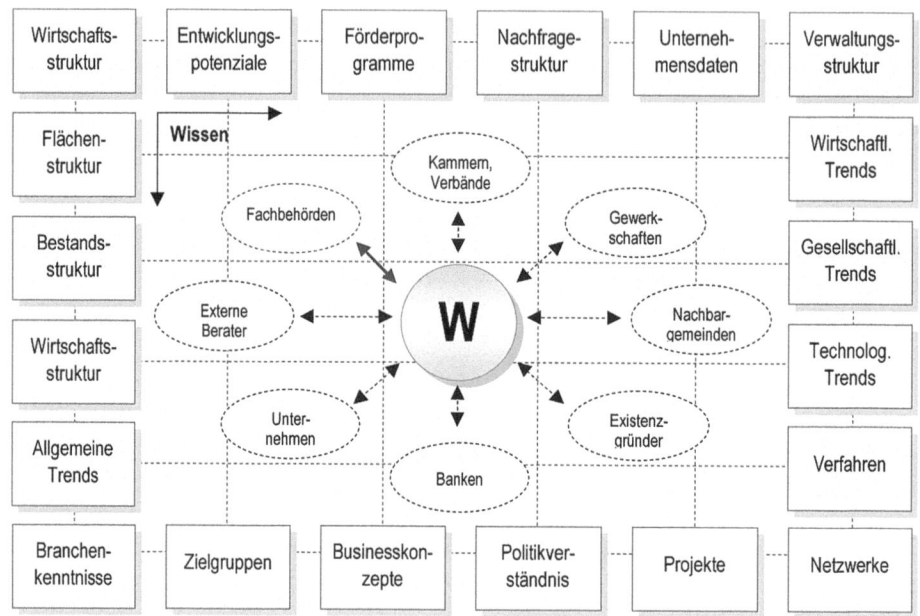

Abb. 3.20 Kommunikations- und Informationsstrukturen in der integrierten Standortentwicklung; Gärtner et al. 2006, S. 39

Die zukünftig wichtigste Aufgabe der Wirtschaftsförderung bei der Informationsbereitstellung wird darin bestehen, eine starke Bündelung des „regionalen Wissens" vorzunehmen und dieses den relevanten Akteuren bereitzustellen.[11] Die Komplexität der Kommunikations- und Informationsstrukturen in einer integrierten Standortentwicklung wird mit der Abb. 3.20 (aus Gärtner u. a.) veranschaulicht. Der Aufbau und Bereitstellung entsprechender Systeme zum regionalen Wissensmanagement sind mit hohen Anforderungen an die fachliche Qualifikation der Wirtschaftsförderer verbunden.

Kontroll- und Lernfragen

- Welches sind die wichtigsten Ziele bei der Einführung von Informationssystemen in der Wirtschaftsförderung?
- Welche Probleme können beim Einsatz von Informationssystemen auftreten?
- Welche Konsequenzen hat der Wandel des Aufgabenspektrums der Wirtschaftsförderung für das Informationsmanagement?
- Welche Anforderungen müssen an den Einführungsprozess von Informationssystemen gestellt werden?

---

[11] Als Überblick über die Notwendigkeiten eines regionalen Wissensmanagements siehe den Beitrag von Gärtner, Stefan/Terstriep, Judith/Widmaier, Brigitte: Integrierte Wirtschaftsförderung als „wissensbasierte Dienstleistung", in: Gärtner et al., S. 33–47.

- Welche Zusatzanforderungen an das Informationsmanagement ergeben sich durch die öffentliche Präsentation von Unternehmensdaten?
- Welche Konsequenzen ergeben sich für Strukturen und Prozesse der Wirtschaftsförderung durch die Einführung von Informationssystemen?

Literatur

Blume, L. (2003). *Kommunen im Standortwettbewerb*. Nomos Verlagsgesellschaft. Baden-Baden.

Both, W. (2008). Der Nutzen von Wirtschaftsportalen am Beispiel der Bundeshauptstadt Berlin. In J. Stember & A. Göbel (Hrsg.), *Verwaltungsmanagement für Unternehmen* (S. 302–315). LIT Verlag. Berlin.

Bunde, J., & Sosath, O. (2013). *Marktanalyse zum Softwareeinsatz in Wirtschaftsförderungen*. Publikation der GEFAK. Marburg.

Gärtner, S., Terstriep, J., & Widmaier, B. (2006). *Wirtschaftsförderung im Umbruch*. Rainer Hampp Verlag. München/Mering.

Göbel, A., Kindel, A., & Naumann, R. (2012). *Einführung von CMR- Software in Wirtschaftsförderungen – Betrachtung des Veränderungsmanagements Band 2 der Schriften zur Wirtschaftsförderung des Fachbereichs Verwaltungswissenschaften der Hochschule Harz- Halberstadt*. Publikation der Hochschule Harz. Halberstadt.

Jourdan, R. (2007). *Professionelles Marketing für Stadt, Gemeinde und Landkreis*. Verlag Wissenschaft & Praxis. Ludwigsburg.

Mittelstandsoffensive NRW. (2001). *Kommunal- und Unternehmensbefragung der Mittelstandsoffensive NRW Move*. Düsseldorf.

Baustein 3: Einsatz von CRM-Systemen in der Wirtschaftsförderung

Zusammenfassung

Während das Informationsmanagement anfänglich insbesondere mit Excel-Datenbanken oder mit speziellen – auf die Belange der Wirtschaftsförderung ausgerichteten – Access-Datenbanken organisiert wurde, werden in jüngerer Zeit zunehmend CRM-Systeme (Customer-Relationship-Management) eingesetzt. Diese stellen in der Regel auf die automatisierte Kundenpflege spezialisierte Datenbanklösungen dar. Die gezielte Kundenansprache, die Pflege der Daten und die Unterstützung des Kontaktmanagements stehen im Mittelpunkt dieser Softwarelösungen.

Die Vorteile für die Wirtschaftsförderer beim Einsatz von CRM Systemen bestehen insbesondere in der gemeinsamen Nutzung aller Informationen des Systems und in der Verknüpfung der verschiedenen Aufgabenbereiche (Unternehmen, Kontakte, Flächen und Immobilien sowie Projekte). Mit der Nutzung von CRM-Systemen werden Individuallösungen und persönliche Datenbanken oder Excel-Tabellen vermieden. Durch das integrierte Informationsmanagement sind alle Mitarbeiter auf dem gleichen aktuellen Informationsstand.

Im WIFÖ-LAB sollen die Möglichkeiten und Funktionalitäten von CRM-Systemen für die Wirtschaftsförderung vermittelt werden. Für diese Unterrichtseinheit werden insgesamt 16 Wochenstunden vorgesehen. Im Rahmen dieser Einheit werden anhand der verschiedenen Module der CRM-Systeme die konkreten Aufgaben der Wirtschaftsförderung und ihre Umsetzung in den internen Prozessen des Informationsmanagements vorgestellt und von den Teilnehmern geübt.

4 Baustein 3: Einsatz von CRM-Systemen in der Wirtschaftsförderung

Lernziele
Im Schwerpunkt wird das Informationsmanagement mittels CRM für die Bereiche Unternehmen, Kontakte, Immobilienvermarktung, Projektmanagement und für die internen Arbeitsprozesse vermittelt.

4.1 Unternehmensdatenbank

Das Modul der Unternehmensdatenbank mit einem Überblick über die ansässigen Betriebe ist eines der wesentlichen Bestandteile von CRM-Systemen (vgl. Abb. 4.1). Die wichtigsten Merkmale des Unternehmensbereichs (Zuordnung zur NACE-Systematik, Tätigkeitsbeschreibung, HR-Zuordnung, Beschäftigte, usw.) werden mit ihrer Definition und Datenherkunft erläutert. Weitere wichtige Schritte im Unternehmensbereich sind vor allem die Beschreibungen zum Filtern von Datensätzen sowie die Definition und Anlage von Clustern (vgl. auch Abb. 4.2 und Tab. 4.1).

Es wurde bereits verschiedentlich darauf hingewiesen, welche Bedeutung die gezielte Kundenansprache für den Erfolg der Wirtschaftsförderung besitzt. In den Wirtschaftsförderungseinrichtungen wird die Ansprache der Bestandskunden sehr unterschiedlich organisiert. Bei einigen Einrichtungen wird sie nach Stadtteilen oder Gemeinden organisiert, andere differenzieren nach Branchen- oder Clusterverantwortlichen. Beide Möglichkeiten

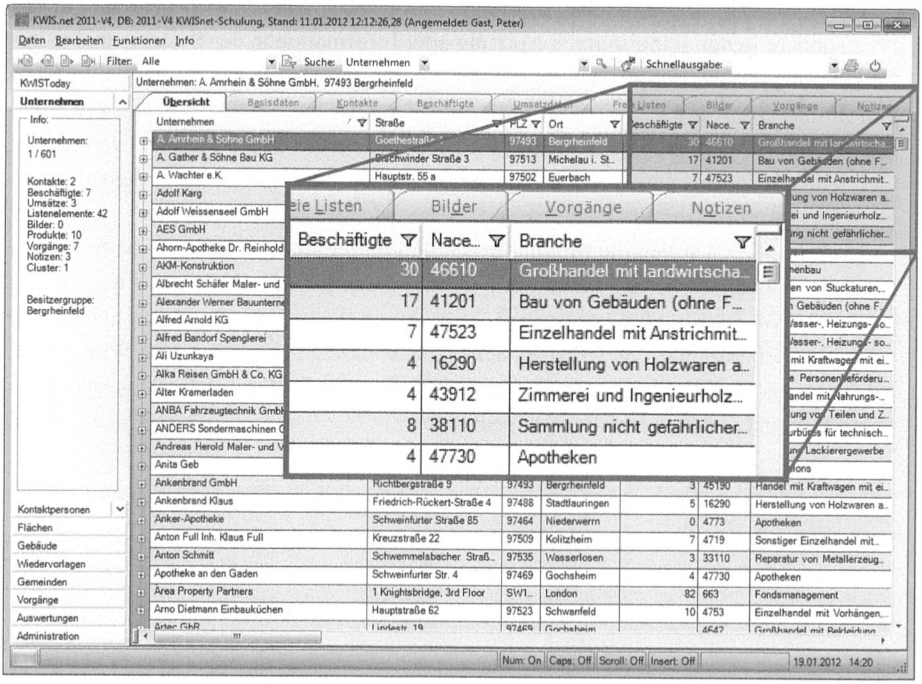

Abb. 4.1 Übersicht der Unternehmensdaten im CRM

4.1 Unternehmensdatenbank

Abb. 4.2 Anlage von Filtern zur Spezifizierung unterschiedlicher Unternehmensgruppen

Nr.	Bezeichnung	Daten
0	Alle	601
1	Aktualisierungskontrolle	285
2	Befragung: Fachkräftebedarf: Ja	91
3	Befragung: Firmenbesuch erwünscht	49
4	Befragung: Flächenbedarf: Ja	25
5	Befragung: Flächen-Überkapazitäten: Ja	28
6	Befragung: Handwerksbetriebe	61
7	Befragung: Kooperationsinteresse allgemein	103
8	Befragung: Kooperationsinteresse Energie	54
9	BGM-Projekt	8
10	Einzelhandel gesamt (einschl. KFZ-Handel)	97
11	Einzelhandel ohne Apotheken und KFZ-Handel	86
12	Energie/Klimaschutz	150
13	Gesundheit, Soziales, Pflege	26
14	Gochsheim: Nur Einzelhandel	8
15	KMU im LK Schweinfurt	313
16	Maschinenbau-Unternehmen	22
17	Senioren-Dienstleister	14

sind in CRM-Systemen und sollen über entsprechende Übungen zum Filtern nach diesen Kriterien vermittelt werden.

Anhand verschiedener Clusterbereiche soll den Studierenden vermittelt werden, wie eine Zuordnung von Wirtschaftsbranchen (gemäß der NACE-Systematik) nach Clustern oder Kompetenzbereichen vorgenommen werden kann.

Daneben gibt es eine Reihe weiterer Möglichkeiten, die bestehenden Unternehmen zu kennzeichnen. Diese Festlegungen nach in den CRM-Systemen vorgegebenen Listenmerkmalen sollen ebenfalls beispielhaft anhand der Programmfunktionalitäten vorgestellt und geübt werden:

- Zertifizierungen und Kernkompetenzen,
- Audits,
- Handwerkssystematik,
- Berufsgruppen, usw.

Die zentrale Bedeutung der Unternehmensdatenbank in der Wirtschaftsförderung erfordert demgemäß auch eine laufende Aktualisierung. Die Erfahrungen zeigen, dass sich jährlich etwa bei 20-30 % der Bestandskunden grundlegende Daten ändern. Unternehmen werden insolvent, verlagern den Standort oder setzen neue Geschäftsführer ein: eine dauerhafte und schnelle Datenaktualisierung wird damit zum zentralen Faktor eines erfolgreichen „Kundenmanagements". Es werden verschiedene Möglichkeiten der Datenaktualisierung vorgestellt:

Tab. 4.1 Zuordnung der NACE-Systematik zum Cluster „Automotive"

Branche	Komponente					
Automobilindustrie	Abgassystem-Komponenten	29.32				
Automobilindustrie	Antriebs-Komponenten	29.32	28.15			
Automobilindustrie	Beschichtungen und Lacke	20.12	20.30			
Automobilindustrie	Bremssystem-Komponenten	29.32				
Automobilindustrie	Elektrische und elektronische Komponenten	29.31	29.32	27.40		
Automobilindustrie	Elektrische und elektronische Motor-Komponenten	29.31	29.32			
Automobilindustrie	Fahrwerk-Komponenten	29.32				
Automobilindustrie	Fasern, Textilien und Verbundwerkstoffe	13.20	13.95	13.96		
Automobilindustrie	Fertigungseinrichtungen und -werkzeuge	33.20				
Automobilindustrie	Getriebe-Komponenten	29.32				
Automobilindustrie	Glas und Keramik	23.11	23.12	23.44	23.49	
Automobilindustrie	Heiz- und Lüftungssystem-Komponenten	29.32	28.25			
Automobilindustrie	Informationstechnik für die Automobilindustrie	62.02	62.01	62.09	26.20	33.20
Automobilindustrie	Innen- und Außenausstattung	29.32				
Automobilindustrie	Insassenschutzsysteme	29.32				
Automobilindustrie	Karosserie-Komponenten	29.32				
Automobilindustrie	Kunststoffe, Elastomere und Chemikalien	22.21				
Automobilindustrie	Lenkungs-Komponenten	29.32				
Automobilindustrie	Mechanische Motor-Komponenten	29.32				
Automobilindustrie	Mess- und Prüfgeräte	26.51				
Automobilindustrie	Metalle	24.10				
Automobilindustrie	Nutzfahrzeuge	29.10	29.20			
Automobilindustrie	Personenkraftwagen	29.10	29.20			
Automobilindustrie	Rad- und Reifen-Komponenten	22.11	29.32			
Automobilindustrie	Sitz-Komponenten	29.32				
Automobilindustrie	Sonstige Komponenten	29.32				
Automobilindustrie	Sonstige Materialien					
Automobilindustrie	Technische Dienstleistungen für die Automobilindustrie	71.12	71.20			

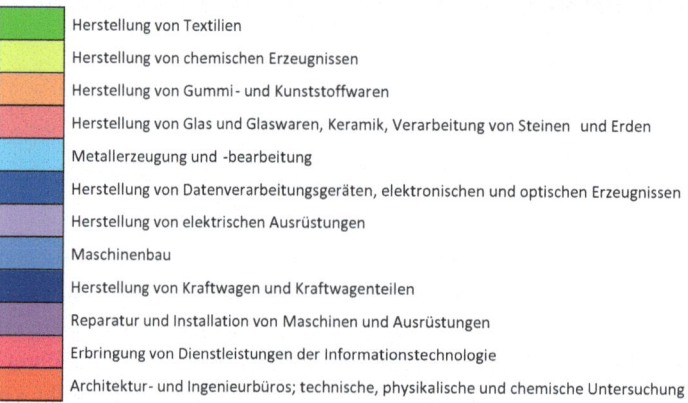

- Herstellung von Textilien
- Herstellung von chemischen Erzeugnissen
- Herstellung von Gummi- und Kunststoffwaren
- Herstellung von Glas und Glaswaren, Keramik, Verarbeitung von Steinen und Erden
- Metallerzeugung und -bearbeitung
- Herstellung von Datenverarbeitungsgeräten, elektronischen und optischen Erzeugnissen
- Herstellung von elektrischen Ausrüstungen
- Maschinenbau
- Herstellung von Kraftwagen und Kraftwagenteilen
- Reparatur und Installation von Maschinen und Ausrüstungen
- Erbringung von Dienstleistungen der Informationstechnologie
- Architektur- und Ingenieurbüros; technische, physikalische und chemische Untersuchung

- Schnittstelle zum Gewerbeamt,
- Aktualisierung über professionelle Anbieter von Daten,
- Fortschreibung der Daten über eine Internetpräsentation,
- Regelmäßige Unternehmensbefragungen, Telefonische Befragungen (z. B. auch über Call-Center-Aktivitäten).

Die Datenaktualisierung über die Verknüpfung mit einem Internetauftritt und über Unternehmensbefragungen wird in den folgenden Kapiteln näher erläutert. Neben den bisher beschriebenen Basisinformationen zu Unternehmen (Name, Anschrift, Branchenzuordnung, usw.) können eine Reihe weiterer Informationen wichtig für die gezielte Unternehmensansprache sein:

- Beschäftigte (Zahl, Berufsgruppen, Beschäftigtentypen),
- Umsatz (Höhe, Liefer- und Absatzbeziehungen, Zielmärkte),
- Produkte,
- Produktionsprogramm, Tätigkeitsbeschreibung,..

Die Beschreibung dieser Unternehmensmerkmale und ihre Abbildung im Informationsmanagement wird in einer weiteren Unterrichtseinheit behandelt werden.

4.2 Kontaktebereich

Den Unternehmen können in den CRM-Systemen beliebig viele Kontaktpersonen zugeordnet werden, die als Ansprechpartner der Wirtschaftsförderung bestimmte Funktionen in den Unternehmen ausüben. Diese Informationen sind der zentrale Bestandteil der CRM-Systeme, da in der Regel die meisten Aktivitäten der Wirtschaftsförderung über das Kontaktmanagement direkt mit den unterschiedlichen Funktionsträgern in den Unternehmen durchgeführt werden (Abb. 4.3).

Aufgrund der hervorragenden technischen Voraussetzungen WiföLAB (Labor für angewandte IT in der Wirtschaftsförderung der Hochschule Harz) können in der Hochschule Harz verschiedene Arbeitsaufgaben gestellt und durch die Studierenden eigenständig bearbeitet werden:

- Filtern von Kontaktpersonen mit unterschiedlichen Funktionen und Merkmalen,
- Beispielhafter Aufbau von Verteilern für Ausschüsse, Workshops, Veranstaltungen, Newsletter-Versand oder andere.
- Vorbereitung einer Serienbrief- oder Serien-E-Mail-Aktion.

Anhand der im WiföLAB vorhandenen CRM-Systeme soll weiterhin die Vorgehensweise zum Kontaktmanagement veranschaulicht und geübt werden:

4 Baustein 3: Einsatz von CRM-Systemen in der Wirtschaftsförderung

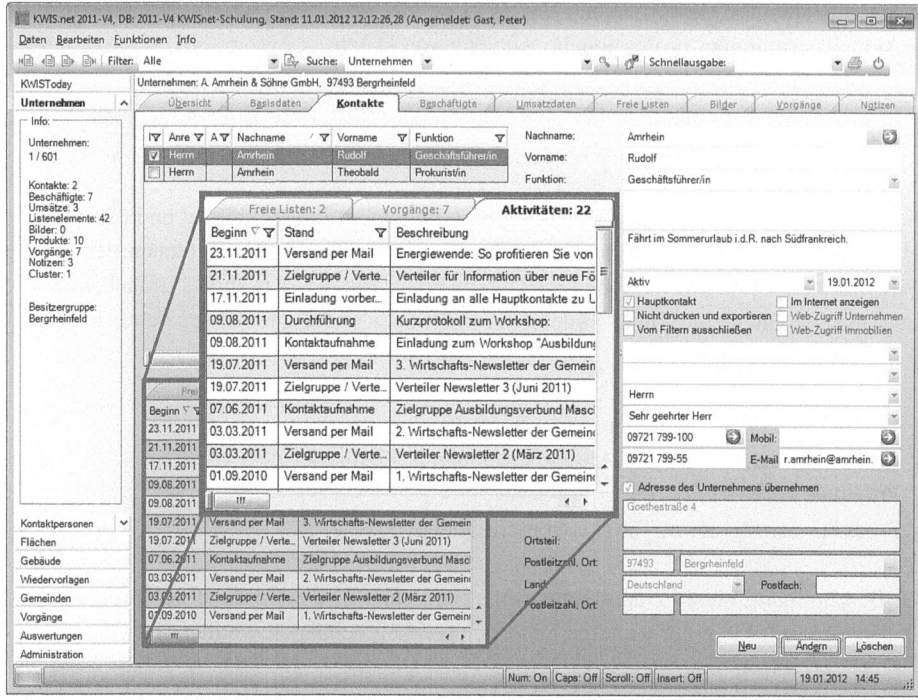

Abb. 4.3 Kontaktmanagement im CRM-System

- Verknüpfung von Kontakten und Unternehmen,
- Verknüpfung von Kontaktpersonen und Projekten/Vorgängen zur Dokumentation von Firmenkontakten der Wirtschaftsförderung.

4.3 Dokumentation der Arbeitsprozesse

Neben den bisher beschriebenen Funktionalitäten von CRM-Systemen insbesondere zur Erfassung und Aktualisierung von Unternehmens- und Kontaktpersonendaten müssen die Informationssysteme auch zur Dokumentation der internen Arbeitsprozesse genutzt werden. Die Dokumentationsmöglichkeiten dienen nicht nur zur Verbesserung der Arbeitsläufe, sondern auch zur anschließenden Bereitstellung der Daten für Präsentations- oder Auswertungszwecke:

- CRM-Systeme liefern mit Hilfe der Dokumentation der wichtigsten Arbeitsschritte einen Überblick über die Tätigkeit des Wirtschaftsförderungsteams. Jeder Mitarbeiter besitzt bzw. erhält damit Kenntnis auch zu den vielfältigen Aktivitäten seiner Kollegen.
- Alle Projekte, Vorgänge und einzelne mit unterschiedlichen Kontaktpersonen eines Unternehmens durchgeführte Aktivitäten können transparent und übersichtlich durch jeden Mitarbeiter nachvollzogen werden.

4.3 Dokumentation der Arbeitsprozesse

- Messeplanungen und Veranstaltungen können mit den CRM-Systemen komplett organisiert und abgewickelt werden.
- Ansiedlungsanfragen, Erweiterungsprojekte oder Kooperationsprojekte können ebenfalls vollständig abgewickelt werden.
- Aufgrund der vorhandenen Dokumentationsmöglichkeiten bestehen anschließend vielfältige Auswertungsmöglichkeiten über bestimmte Aktivitäten (Firmenbesuche, Versand von Flächenangeboten, Fördermittelanfragen, usw.) oder Projekte (F&E-Projekte mit ansässigen Unternehmen, Existenzgründungsbetreuung, Ansiedlungsprojekte, usw.).
- Aufgrund der Möglichkeiten, die Stammdaten zur Vorgangs- und Aktivitätsorganisation an die eigenen Berichtspflichten anzupassen, können automatisch beliebige Kennziffern der Wirtschaftsförderungstätigkeit gebildet werden.

Da die zielgerichtete Dokumentation von Projekten und Aktivitäten einen Schwerpunkt der Wirtschaftstätigkeit darstellen sollte, wird diesem Bereich im Rahmen des Moduls durch eigene Übungen und die eigenständige Erstellung von wichtigen Workflows ein breiter Raum gewidmet.

Als beispielhafte Workflows zur Dokumentation der Wirtschaftsförderungstätigkeit werden die folgenden anhand der im WiföLAB vorhandenen CRM-Systeme präsentiert:

1. Durchführung einer Existenzgründungsberatung
2. Bearbeitung einer Flächenanfrage durch einen Investor
3. Organisation eines Workshops
4. Durchführung einer Serien-E-Mail.

Die Abbildung der entsprechenden Arbeitsprozesse in einem CRM-System soll im Folgenden anhand dieser vier Workflows veranschaulicht werden.

4.3.1 Existenzgründer beraten

Die Beratung und intensive Betreuung von Existenzgründern gehört in fast allen Wirtschaftsförderungseinrichtungen zu einem der wichtigsten Aufgabengebiete. Diese Aufgabe wird in aller Regel in Kooperation mit anderen Akteuren der Region organisiert und erfordert von daher einen hohen Koordinationsaufwand. Dementsprechend müssen die notwendigen Abläufe des Existenzgründungsprozesses sorgfältig geplant und organisiert werden. Der erste Schritt besteht in einer Definition der relevanten Stammdaten, mit denen nicht nur die einzelnen Arbeitsschritte des Prozesses definiert werden, sondern auch die Grundlagen für eine anschließende Auswertung gelegt werden (Tab. 4.2).

Mit der zweiten Spalte werden die Stammdaten für die jeweiligen Arbeitsfelder einer Existenzgründungsberatung beschrieben, mit der dritten Spalte erfolgt die Kennzeichnung der möglichen Aktivitäten-Typen. Die Stammdaten in CRM-Systemen sind so organisiert, dass sie von den Anwendern beliebig erweitert und an ihre Bedürfnisse hin angepasst werden können (siehe auch unten stehendes Beispiel) (Abb. 4.4).

Mit der Möglichkeit, alle Aktivitäten im Zusammenhang der Existenzgründungsberatung chronologisch festhalten zu können, besteht jederzeit Transparenz über die verschiedenen Kontakte der beteiligten Institutionen und Personen. Mit Abb. 4.5 wird ein Überblick über die Beteiligten gegeben, die bei dieser Existenzgründungsberatung eine Rolle gespielt haben.

4.3.2 Ansiedlung begleiten

Wenn die Wirtschaftsförderer für die Vermarktung von Liegenschaften zuständig sind, bieten die CRM-Systeme ihnen umfassende Unterstützung. Von der Erfassung der Nach-

Tab. 4.2 Stammdatendefinition für die Existenzgründungsberatung

Existenzgründungsberatung	Erstberatung	Beratung
	Kooperation/Netzwerkaufbau	Erstgespräch
	Unterstützung Businessplan	Gespräch mit Dritten
	Fördermittelberatung	Kontaktaufnahme
		Vorbereitung Beratung

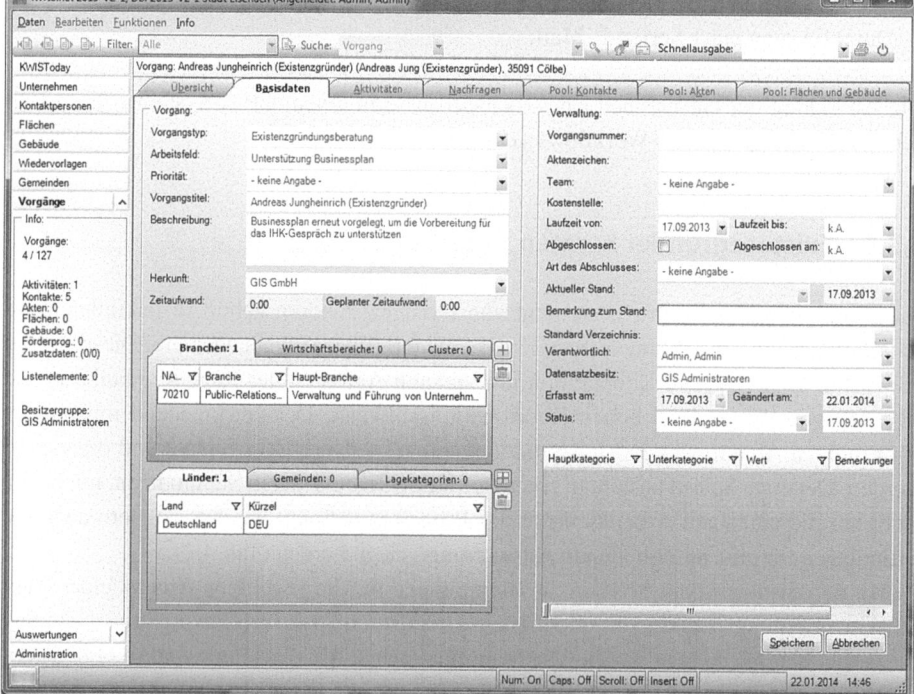

Abb. 4.4 Neuerfassung eines Vorgangs im CRM-System

4.3 Dokumentation der Arbeitsprozesse

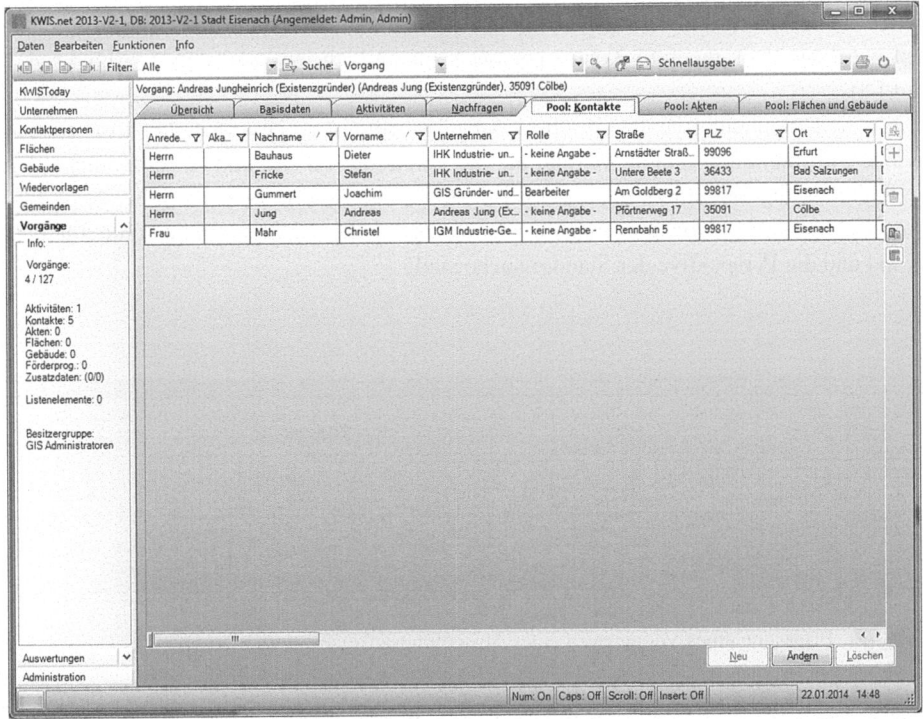

Abb. 4.5 Erstellung eines Kontakte-Pools für Vorgänge

frage, über eine schnelle Recherche in dem Flächen- und Gebäudedatenbestand, beim Erstellen ansprechender Exposés bis zur späteren Auswertung der Ansiedlungsnachfragen oder zu den von Ihnen angebotenen Flächen bzw. Gebäuden.

In den folgenden Abschnitten soll dies auszugsweise beispielhaft beschrieben werden. Dazu wird von einem fiktiven Anwendungsfall ausgegangen, der sich in folgende Schritte aufteilt:

Der Wirtschaftsförderer erhält eine telefonische Anfrage von einem Unternehmen, welches einen weiteren Standort im Landkreis eröffnen will. Das Telefonat wird dokumentiert und das Profil der Immobilienanfrage erfasst.

Die Immobilien-Nachfrage wird mit den bestehenden Angeboten im CRM-System abgeglichen, passende Immobilien identifiziert und entsprechende Exposés an den Interessenten versandt.

Nach einer gewissen Zeit erfolgt eine erneute Kontaktaufnahme zum Interessenten und die Vereinbarung zu einem Besichtigungstermin.

Der Besichtigungstermin wird vorbereitet, indem ein Gespräch mit dem zuständigen Sachbearbeiter im Bau- bzw. Planungsamt geführt wird.

Die Durchführung des Besichtigungstermins wird protokolliert.

Schritt 1: Dokumentation der Anfrage: Anlegen eines neuen Vorganges und der ersten Aktivität: Die Dokumentation eines Ansiedlungsfalls erfordert mehrere Arbeitsschritte.

Neben der Erfassung des neuen Unternehmens sind ein Projektvorgang, mehrere Aktivitäten und gegebenenfalls mehrere Kontaktpersonen zuzuordnen bzw. anzulegen (Abb. 4.6, 4.7 und 4.8).

Für die Dokumentation der einzelnen Arbeitsschritte ist zu beachten, dass insbesondere jene Informationen erfasst werden, die die konkreten Inhalte und Anforderungen der Investorenanfrage identifizieren und für die zukünftige Investorenwerbung wichtige Bestimmungsfaktoren darstellen dürften sowie gleichzeitig wichtige Indikatoren für den Grund und die Perspektive der Standortsuche sind:

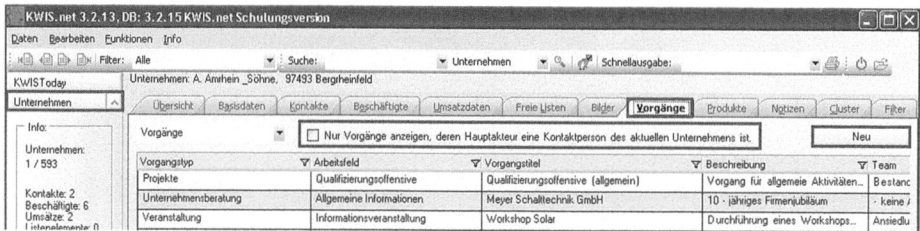

Abb. 4.6 Erfassung eines Vorgangs zu einer Ansiedlungsanfrage

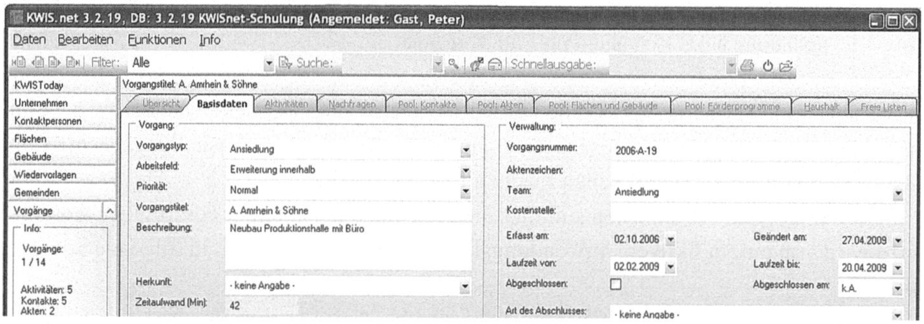

Abb. 4.7 Dokumentation eines Ansiedlungsfalls

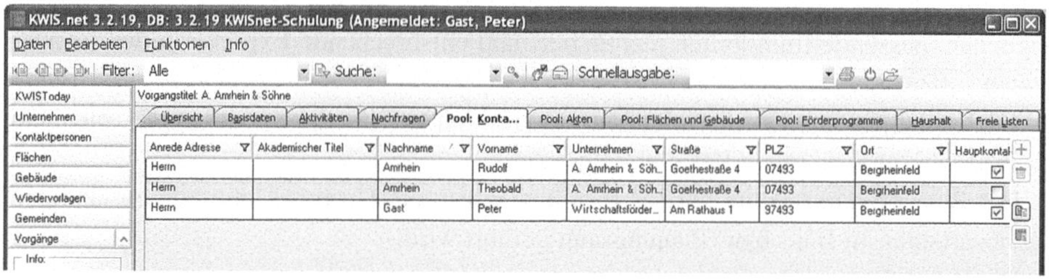

Abb. 4.8 Zuordnung von Projektpartnern

4.3 Dokumentation der Arbeitsprozesse

- Größe des nachgefragten Objekts,
- Branche des anfragenden Unternehmens,
- Lagekategorien,
- Baurechtliche Kategorien,
- Nutzungsart,
- Art des gesuchten Objekts, usw (Abb. 4.9).

Innerhalb des Systems kann nach passenden Immobilien oder Flächenangeboten gesucht werden, die den Kriterien der Nachfrage entsprechen (Abb. 4.10).

Schritt 2: Die Immobilien-Nachfrage wird mit den bestehenden Angeboten abgeglichen, passende Immobilien identifiziert und entsprechende Exposés an den Interessenten versandt. Ein konkreter Abgleich zwischen den Angeboten und den Nachfragen kann nach den verschiedenen Kriterien wie Größe, Preise, Lagekategorien, Gemeinden, baurechtlichen Kategorien, Nutzungsarten, verkehrlicher Erschließung, usw. erfolgen. Im ersten Suchschritt sollte eine nicht zu differenzierte Recherche vorgenommen werden, damit das Suchergebnis nicht zu klein wird. Anschließend könnte es bei zu großer Auswahl eine eingeschränkte Suche geben. Im unten stehenden Beispiel führt die Suche nach den markierten Kriterien zu zwei Suchergebnissen (Abb. 4.11).

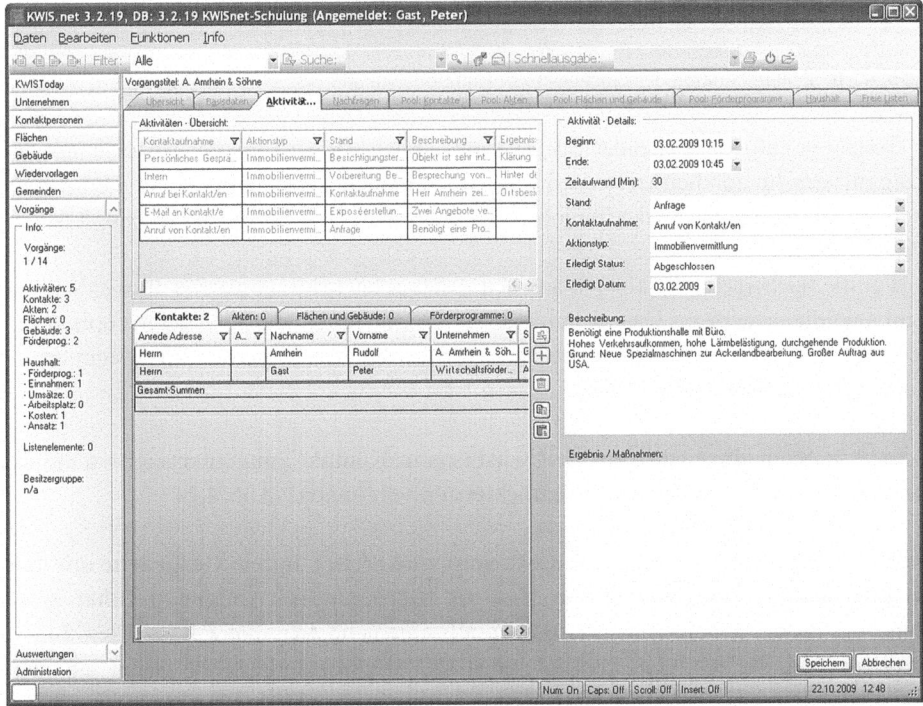

Abb. 4.9 Erfassung von Aktivitäten im Ansiedlungsvorgang

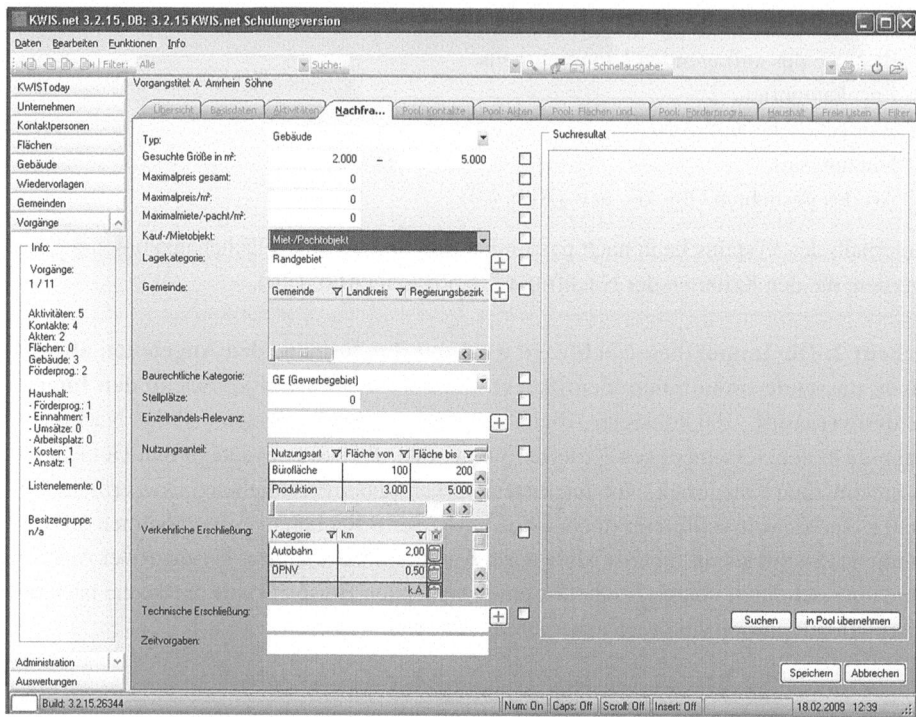

Abb. 4.10 Dokumentation der Flächen- bzw. Immobiliensuche

Wenn ein zufriedenstellendes Suchergebnis erzielt wurde, kann der Ansiedlungsvorgang mit den Immobilien verbunden werden. Am unten stehenden Beispiel wird dargestellt, dass der Vorgang mit der Immobilie „Bürogebäude Bahnhofstraße" verknüpft wurde (Abb. 4.12).

Für die Suchergebnisse können aus dem System heraus Exposés erstellt werden und dem ansiedlungswilligen Unternehmen direkt als pdf-Datei oder in anderer Form zugeschickt werden. Diese Aktivität wird nach dem E-Mail-Versand direkt im System dokumentiert (siehe unten) (Abb. 4.13).

Schritt 3: Nach einer gewissen Zeit wird erneut Kontakt zum Interessenten aufgenommen und mit ihm ein Besichtigungstermin vereinbart. Abb. 4.14

Schritt 4: Es wird ein Besichtigungstermin vorbereitet, indem Gespräche mit den zuständigen Sachbearbeitern in den zu beteiligenden Ämtern geführt werden. Für diesen Arbeitsschritt wird ebenfalls eine neue Aktivität z. B. mit dem Stand „Vorbereitung Besichtigungstermin" angelegt. Die zuständigen Personen aus den Bau- oder Planungsämtern werden dem Vorgang zugeordnet. Für diese Zuordnung wird der Filter der Bereiche „Unternehmen" und „Kontaktpersonen" genutzt. Die

4.3 Dokumentation der Arbeitsprozesse

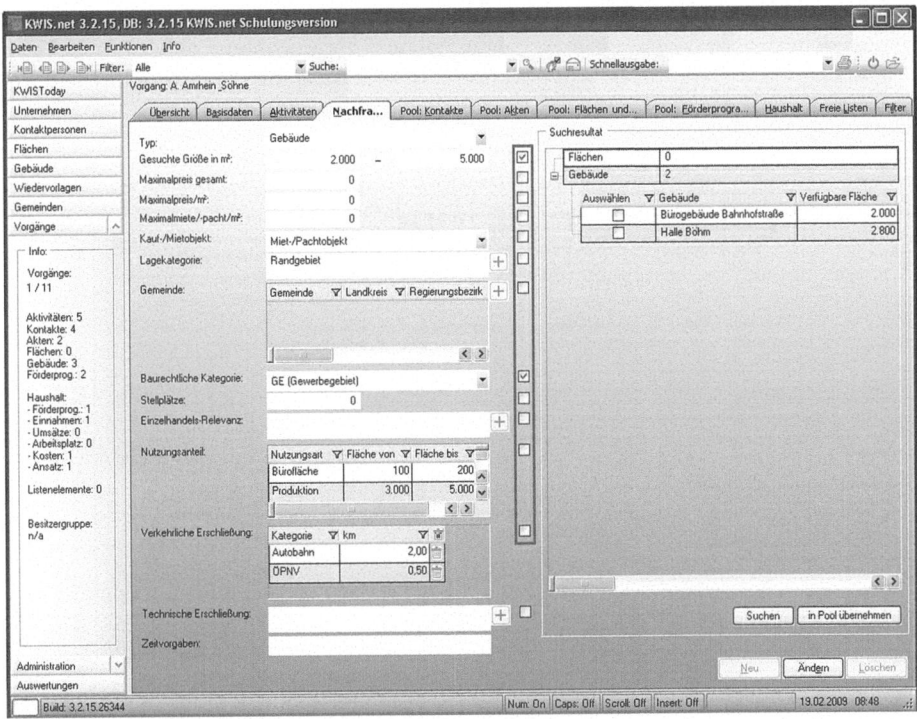

Abb. 4.11 Generierung eines Filters bei der Immobiliensuche

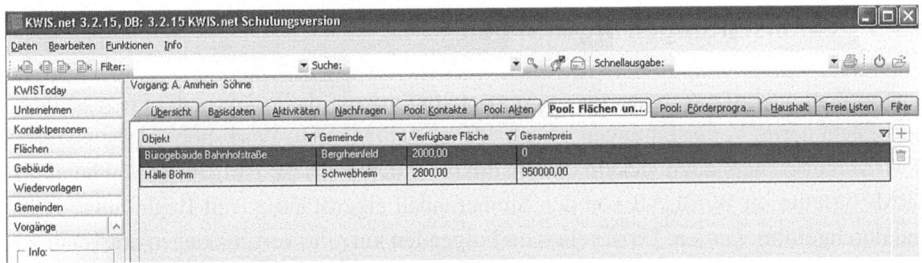

Abb. 4.12 Darstellung von Such- bzw. Filterergebnissen

Filtersuche und das Ergebnis werden mit den Abb. 4.15 und 4.16 angezeigt. Mit der anschließenden Dokumentation werden die nächsten notwendigen Schritte festgehalten (Abb. 4.17).

Schritt 5: Die Durchführung des Besichtigungstermins wird protokolliert. Für das Gesprächsprotokoll wird ebenfalls eine neue Aktivität angelegt. Es werden alle Kontaktpersonen in diese Aktivität aufgenommen, die an der Ortsbesichtigung teilgenommen haben (Abb. 4.18).

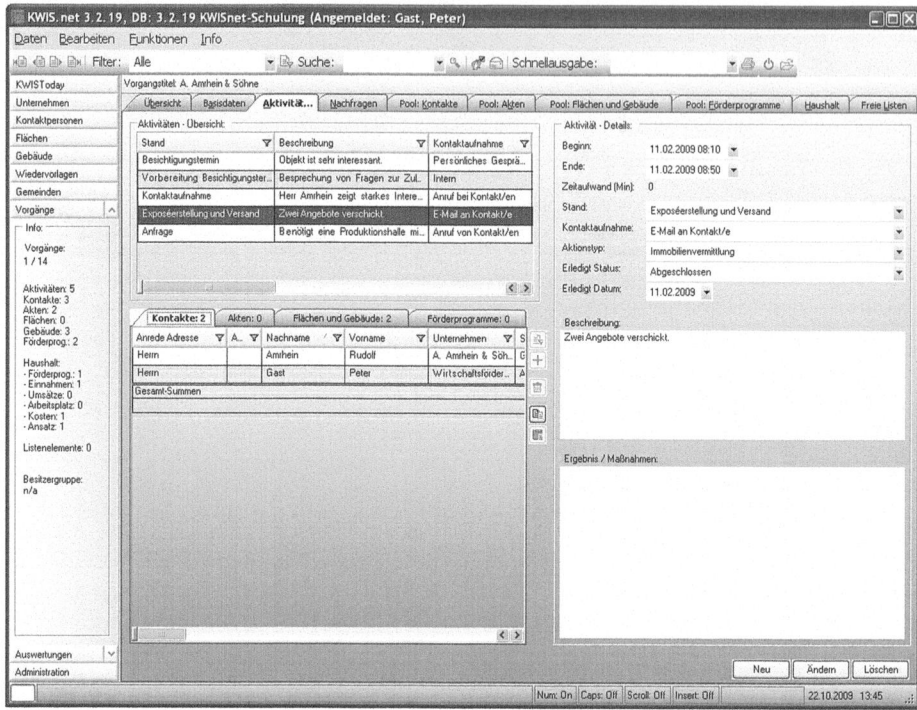

Abb. 4.13 Dokumentation der verschiedenen Aktivitäten im Ansiedlungsfall

4.3.3 Veranstaltungen organisieren

Eine weitere wichtige Aufgabe für die Wirtschaftsförderer als Projekt- oder Prozessmanager besteht darin, Veranstaltungen verschiedener Art (Messen, Workshops, Arbeitskreise, usw.) vorzubereiten, abzuwickeln und zu dokumentieren. Diese Aufgabe soll anhand der CRM-Systeme im WiföLAB von den Studierenden eigenständig (mit Begleitung) geübt und durchgeführt werden. Dazu sollen im Folgenden kurz die verschiedenen notwendigen Schritte angerissen werden:

- Festlegung der erforderlichen Stammdaten,
- Ermittlung der Zielgruppe einer Informationsveranstaltung,
- Versand eines Serienbrief zur Einladung,
- Registrierung von Teilnehmern bzw. von Absagen,
- Nachfassen bei ausstehenden Rückmeldungen per Serien – Mail,
- Drucken von Ansteckkarten, Tischstellern und einer Anwesenheitsliste,
- Registrierung der Teilnehmer und Versendung der Veranstaltungsunterlagen und einer Teilnehmerliste per E-Mail.

4.3 Dokumentation der Arbeitsprozesse

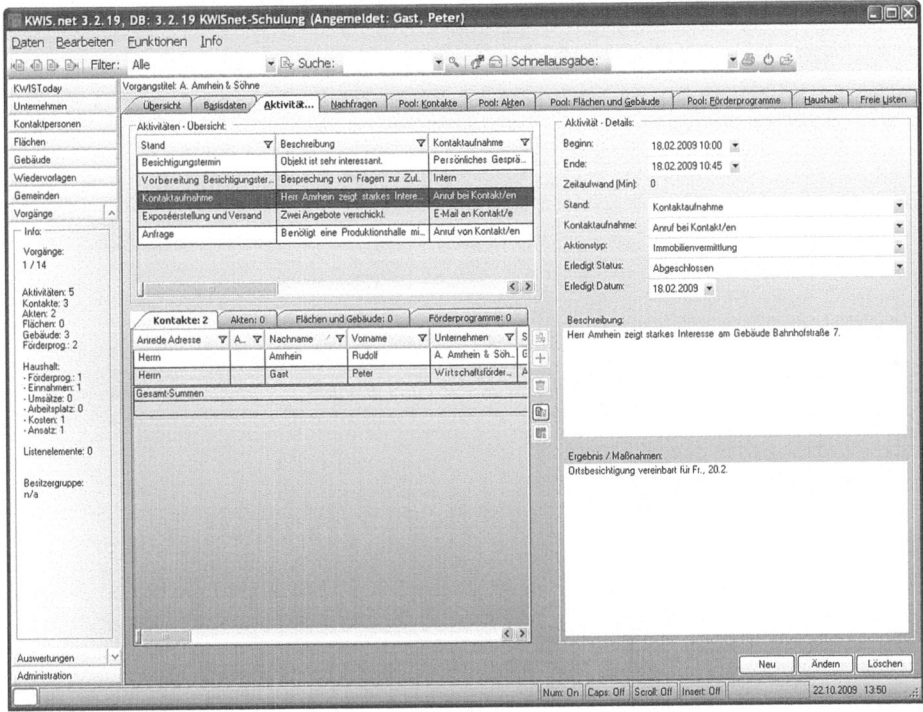

Abb. 4.14 Vorbereitung eines Besichtigungstermins als Aktivität

Die Abb. 4.19 stellt den Vorgang eines „Workshop Solar" mit der entsprechenden Zuordnung von verschiedenen Branchen als Zielgruppe dar. Diese Zuordnungen können anschließend für eine Auswertung nach den Branchen genutzt werden, für die die Wirtschaftsförderung tätig war.

Beispielhaft für diese Veranstaltung sollen zunächst die großen Unternehmen mit mehr als 100 Beschäftigten angeschrieben werden. Als zweites Filterkriterium werden alle Unternehmen des Branchenabschnitts F-Baugewerbe mit 50 oder mehr Beschäftigten übernommen. Der entsprechende Filter und das Ergebnis werden unten dargestellt (Abb. 4.20).

Den angemeldeten Teilnehmern wird eine „Rolle" (Referent, Teilnehmer, o. a.) zugeordnet, damit sie anschließend zielgruppengerecht angeschrieben oder anderweitig kontaktiert werden können (Abb. 4.21).

Die Abb. 4.22 zeigt die Kontaktpersonen der Veranstaltung. Aus diesem Modul können nun verschiedene Aktivitäten zur weiteren Vorbereitung organisiert und durchgeführt werden. Die Abb. 4.23 zeigt die Funktionalität zum Versand einer Serien-E-Mail.

Serien-E-Mails werden aus den CRM-Systemen im Textformat gesendet. Es wird hierzu eine Verbindung zu dem Mailserver der Wirtschaftsförderung hergestellt. Die Serien-E-Mails werden über den gleichen Postausgangsserver verschickt, der auch für den Versand der sonstigen Mails dient. Ein Empfänger kann demgemäß eine Serien-E-Mail

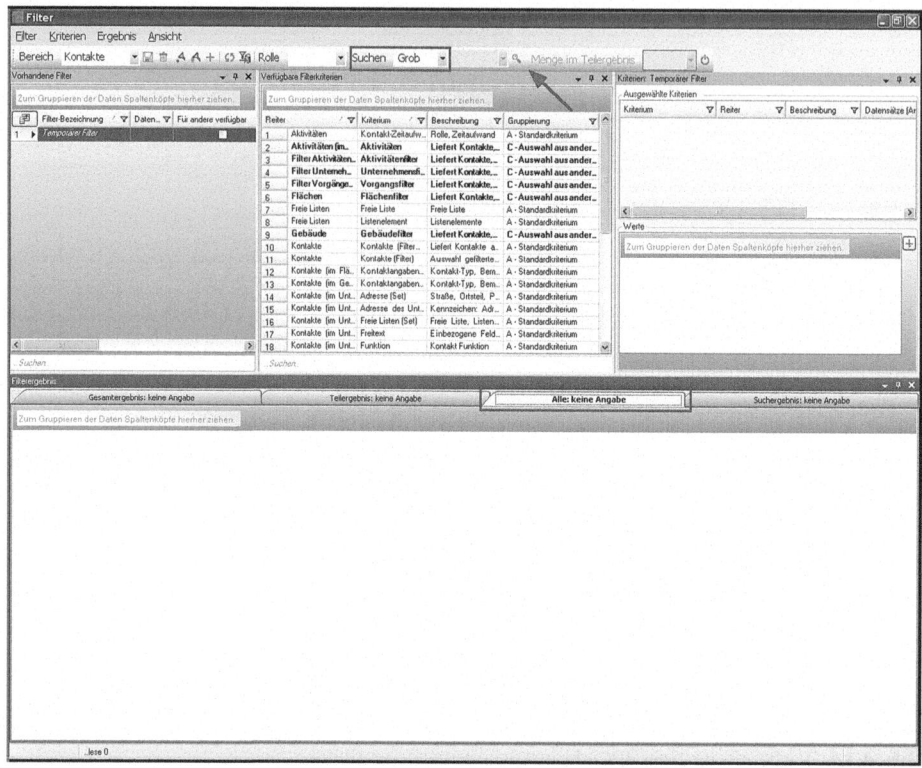

Abb. 4.15 Durchführung eines Filters zur Erfassung von Kontaktpersonen

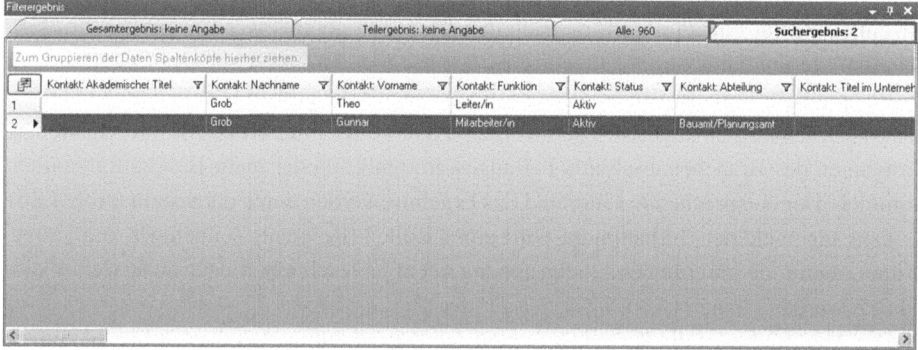

Abb. 4.16 Darstellung des Filterergebnisses

nicht von anderen von der Wirtschaftsförderung gesendeten E-Mails unterscheiden. Antworten auf ihre Serien-E-Mail erhalten die Wirtschaftsförderer über ihren üblichen Posteingang.

Neben dem Serien-E-Mail-Versand wird aus dem Vorgang heraus auch die Möglichkeit gegeben, alle wichtigen Ausdrucke im Rahmen des Veranstaltungsmanagements direkt aus dem Programm (und ohne den Umweg über Word o. a. Programme) zu erstellen,

4.3 Dokumentation der Arbeitsprozesse

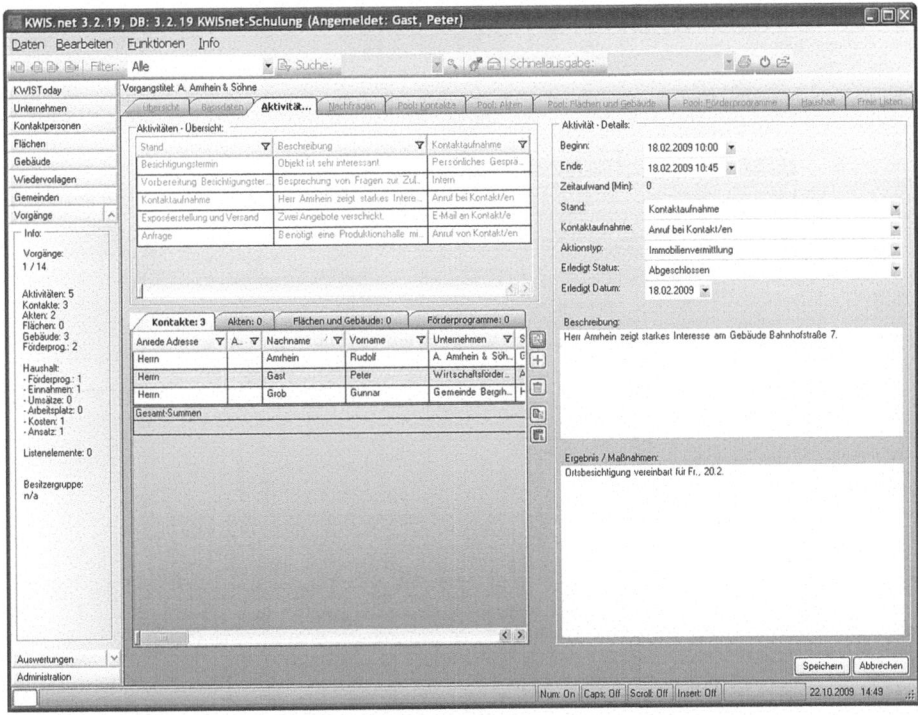

Abb. 4.17 Zuordnung von Kontaktpersonen zur Aktivität

z. B. Tischsteller, Adressetiketten, Teilnehmerlisten, Ansteckkarten, usw. Unten sind einige Beispiele präsentiert (Abb. 4.24 und 4.25).

Unterstützung finden die Wirtschaftsförderer durch komfortable Funktionalitäten der CRM-Systeme. Z. B. wird ermöglicht, dass automatisch für aus verschiedenen Gründen nicht zustellbare E-Mails eine neue Aktivität angelegt wird. Dadurch werden die Wirtschaftsförderer in die Lage versetzt, direkt einen Serienbrief an diese Adressaten zu versenden, um die Zustellung der Nachricht zu ermöglichen.

Da die CRM-Systeme eine zentrale Rolle für das Projekt- und Prozessmanagement spielen und gleichzeitig mit ihnen sowohl die Dokumentation der eigenen Tätigkeit als auch Auswertungen und die Ermittlung von Kennziffern erledigt werden können, soll der Vermittlung der Grundfunktionalitäten ein großer Raum eingeräumt werden.

4.3.4 Serienbriefe versenden

Dieser anschließende Versand von Serienbriefen soll nur kurz anhand von Abbildungen dargestellt, sollte in Unterrichtseinheiten (WiföLAB) aber geübt werden. Es soll insgesamt vermittelt werden, dass durch die Weiterentwicklung der modernen CRM-Systeme mittlerweile klassische Funktionalitäten der Bürokommunikation so standardisiert worden sind, dass Sie auch ohne entsprechende Ausbildung oder spezielle Weiterbildung ausgeübt

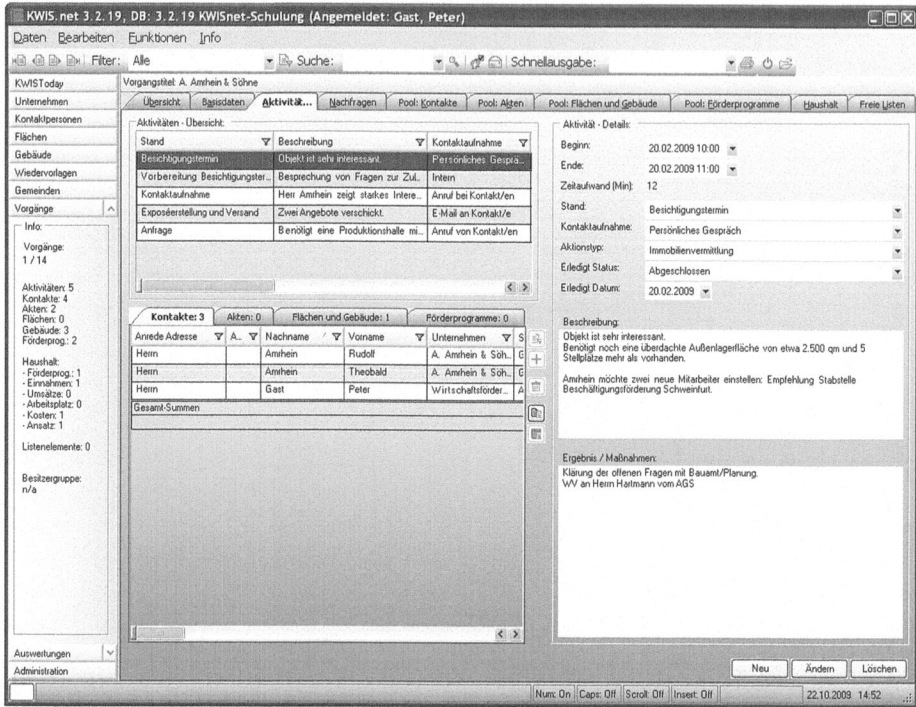

Abb. 4.18 Dokumentation eines Besichtigungstermins

werden können: Informations- und Datenmanagement ist in der modernen Wirtschaftsförderung eine Aufgabe, die für alle Mitarbeiter, also auch für die Amts- oder Geschäftsleitung, mittlerweile selbstverständlich geworden ist oder werden sollte (Abb. 4.26 und 4.27).

Aus diesen Gründen sollen auch die verschiedenen Ausgabeformate von CRM-Systemen in einer Einheit kurz vermittelt werden: Export von Excel-Tabellen, Ausgabe ins pdf-Format und Ausdrucke von Unternehmens- oder Immobilien-Exposés (Abb. 4.28 und 4.29).

4.4 Flächenmanagement im CRM

Bei der Beschreibung der wichtigsten Aufgabenfelder in der Wirtschaftsförderung wurde dargestellt, dass die Bereitstellung von Gewerbeflächen und die Flächenvermarktung immer einen wesentlichen Bestandteil ihrer Aufgabenschwerpunkte ausgemacht haben. Aus diesem Grunde müssen die in der Wirtschaftsförderung eingesetzten CRM-Systeme auch ein Modul enthalten, mit dem die regionalen Informationen zu Gewerbegebieten und Immobilien erfasst und bearbeitet werden können (Abb. 4.30).

Folgende Grundvoraussetzungen eines Flächenmoduls müssen erfüllt sein:

4.4 Flächenmanagement im CRM

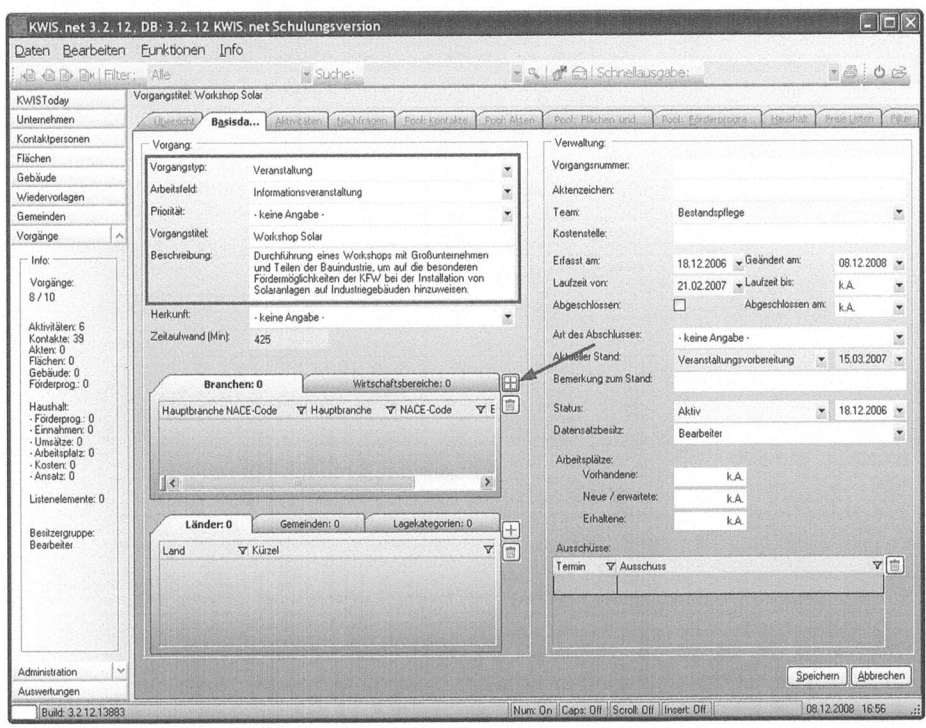

Abb. 4.19 Vorbereitung einer Veranstaltung mit einem CRM-System

- Informationen über die wichtigsten Merkmale von Flächen oder Immobilien müssen erfasst werden können. Dazu gehören beispielsweise Name, Größe, verfügbare Fläche, Preise, baurechtliche Kategorisierung, technische und verkehrliche Erschließung, Nutzungsmöglichkeiten und -einschränkungen, Maße zur baulichen Nutzung und viele andere.
- Es sind Voraussetzungen für eine professionelle Datenausgabe z. B. über aussagekräftige Exposés zu schaffen.
- Um alle Vorgänge zu den regional vorhandenen Flächen dokumentieren zu können, sind Verknüpfungen zwischen den Programmmodulen Flächen/Immobilien und Unternehmen sowie zwischen Flächen/Immobilien und dem Vorgangsbereich einzurichten.
- Aufgrund der Komplexität des Flächenbereichs insgesamt sollte ein hierarchischer Aufbau zur Abbildung unterschiedlicher Flächenkomponenten (Gewerbegebiet, Grundstück, Parzelle) und Immobilienarten (Gebäude, Nutzungseinheit) implementiert sein.

Das Ziel dieser Unterrichtseinheit besteht darin, die Möglichkeiten der CRM-Systeme zur Dokumentation, Vermarktung und Analyse der Flächen- und Immobilienentwicklung in Regionen zu vermitteln. Die Anforderungen an ein professionelles Flächenmanagement sind in den vergangenen Jahren deutlich gestiegen (siehe hierzu auch Abb. 4.31 und 4.32). Aufgrund des von der Bundesregierung ausgegebenen Ziels, den bundesweiten

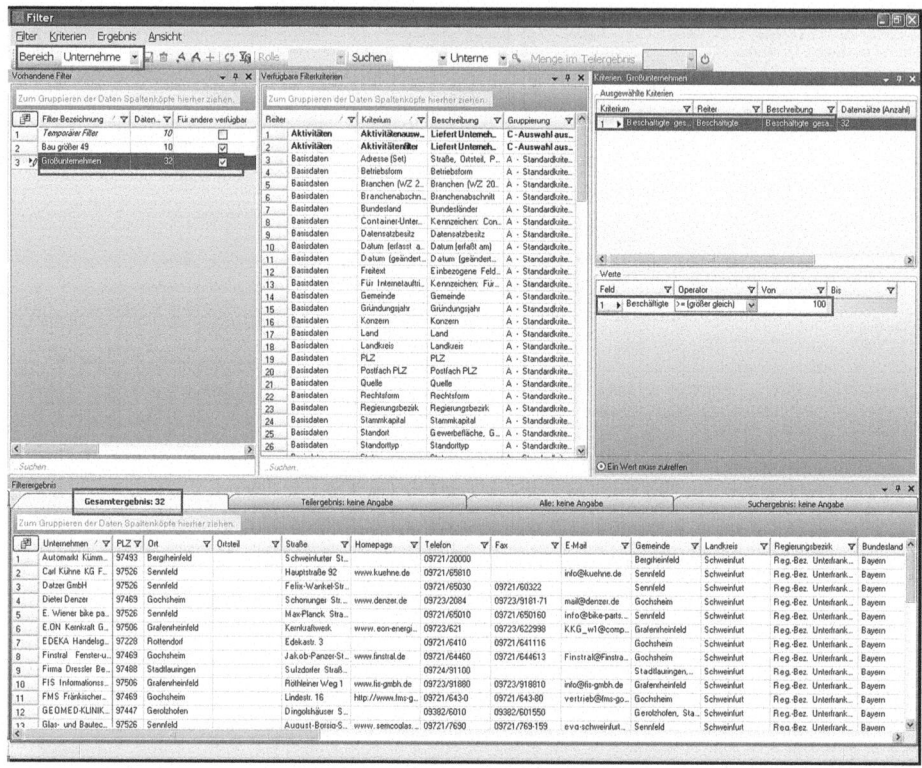

Abb. 4.20 Filter zur Auswahl potenzieller Veranstaltungsteilnehmer

Flächenverbrauch auf maximal 30 ha/Tag zu begrenzen, muss eine wichtige Aufgabe darin bestehen, die Flächenbereitstellung auf der Grünen Wiese zu beschränken und verstärkte Maßnahmen zur Revitalisierung von Brachflächen vorzunehmen. Eine nachhaltige Innenentwicklung (mit Zwischen- und Umnutzungen) erhält einen größeren Stellenwert als die Neuerschließung von Flächen.

Zum anderen haben sich die Anforderungen an eine systematische Erfassung der Nutzeranfragen erhöht. Um eine nutzerorientierte Flächenbereitstellung zu ermöglichen, sollten die eingehenden Flächennachfragen systematisch nach der Art der gesuchten Fläche oder Immobilie, nach der Größe, nach der Branche oder Wirtschaftsbereich des nachfragenden Unternehmens, nach Lagekategorien oder anderen wichtigen Kriterien dokumentiert werden. Die Analyse dieser Anforderungskriterien unterstützt die Wirtschaftsförderung bei der zukünftigen Flächenplanung.

Einen Schritt weiter noch gehen die Instrumente eines Gewerbeflächenmonitorings.[1] Mit einem Monitoring soll Transparenz geschaffen werden über die Flächenbewegungen

---

[1] Einen Überblick über die Möglichkeiten eines Gewerbeflächenmonitorings geben Bonny, Hanns Werner/Bunde, Jürgen/Glaser, Jürgen/Krause, Kai-Uwe/Beckmann, Andreas: Gewerbeflächenmonitoring – Ein Ansatz zur Steigerung der Wettbewerbsfähigkeit des Gewerbeflächenpotenzials in Ostdeutschland, Schriftenreihe Forschungen des Bundesministeriums für Verkehr, Bau und Stadtentwicklung (BMVBS) und des Bundesamts für Bauwesen (BBR), Heft 119, Bonn 2006.

4.4 Flächenmanagement im CRM

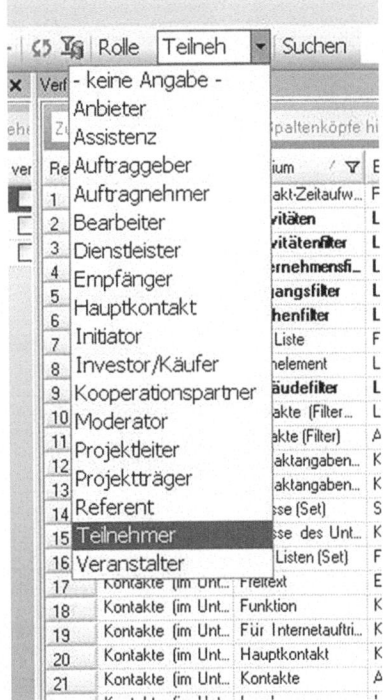

Abb. 4.21 Festlegung der „Rolle" der Veranstaltungsteilnehmer

in Bezug auf Zugänge und Abgänge. Das Monitoring kann einen Eindruck darüber vermitteln, welche Flächen aufgrund ihrer günstigen Voraussetzungen (Lage, Ausstattung und sonstige Merkmale) besonders nachgefragt werden. Durch die Abbildung dieser Analyseschritte in Informationssystemen könnten sich auch Rückbaumaßnahmen bei nicht nachfragegerechten Industrie- und Gewerbeflächen als erforderlich erweisen.[2] Den Überblick über eine Monitoringkonzeption liefert Abb. 4.33.

Eine weitere Übungseinheit wird sich damit befassen, auf welche Weise die Pflege der Daten auf den unterschiedlichen regionalen Ebenen vorgenommen wird. Die Studierenden sollen einerseits einen Überblick darüber erhalten, welche Institutionen in der Verwaltung sich ebenfalls mit Flächeninformationen befassen. Außerdem werden regionale oder landesweite Lösungen schwerpunktmäßig unter dem Aspekt vorgestellt und diskutiert, wie auf unterschiedliche Weise Daten fortgeschrieben oder über Schnittstellen aktualisiert werden.

Es werden die folgenden Flächen- und Immobilienlösungen vorgestellt und diskutiert:

Immobilienlösung der Stadt Gera (mit Schnittstelle zu CRM-System, Aktualisierung online und im CRM-System, Einbindung von städtischen Maklern, Open-Immo-Schnittstelle, Verknüpfung zu städtischem GIS-System) Abb. 4.34

---

[2] ebenda, S. 11.

76   4 Baustein 3: Einsatz von CRM-Systemen in der Wirtschaftsförderung

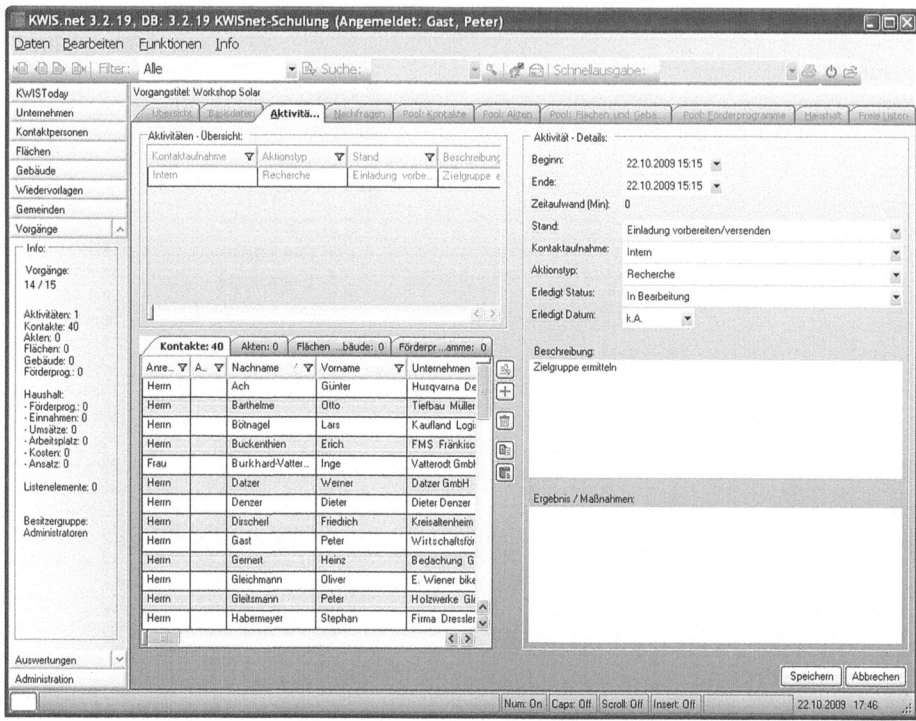

Abb. 4.22   Erfassung einer Aktivität zur Festlegung der Veranstaltungsteilnehmer

Flächenlösung eines Landkreises (Verknüpfung mit einem CRM, Datenaktualisierung online durch Kommunen, Einbindung der regionalen Makler)   Abb. 4.35

Landesweite Flächenlösung mit integrierter Brachflächendatenbank (Verknüpfung mit einem CRM, online Datenaktualisierung durch Kommunen, Brachflächenkataster integriert in den Flächen- und Immobilienbereich, Verbindung mit dem sächsischen Raumordnungskataster)   Abb. 4.36

4.5   Verknüpfung von Unternehmensdaten der CRM-Systeme mit Internetportalen

Bei der Darstellung der Unternehmensdatenbank im CRM-System wurde darauf hingewiesen, dass nicht nur der Überblick über die Bestandsunternehmen wichtig ist. Vielmehr haben das Kontaktmanagement und die direkte Ansprache der Betriebe in den letzten Jahren ständig an Bedeutung gewonnen. Viele Wirtschaftsförderungseinrichtungen haben aus diesem Grund Internetportale aufgebaut, um die Kommunikation mit ihren Betrieben zu verbessern. Mit der Verknüpfung von Unternehmensdaten in CRM-Systemen mit Portalen im Internet werden vor allem folgende Ziele verfolgt:

4.5 Verknüpfung von Unternehmensdaten der CRM-Systeme mit Internetportalen

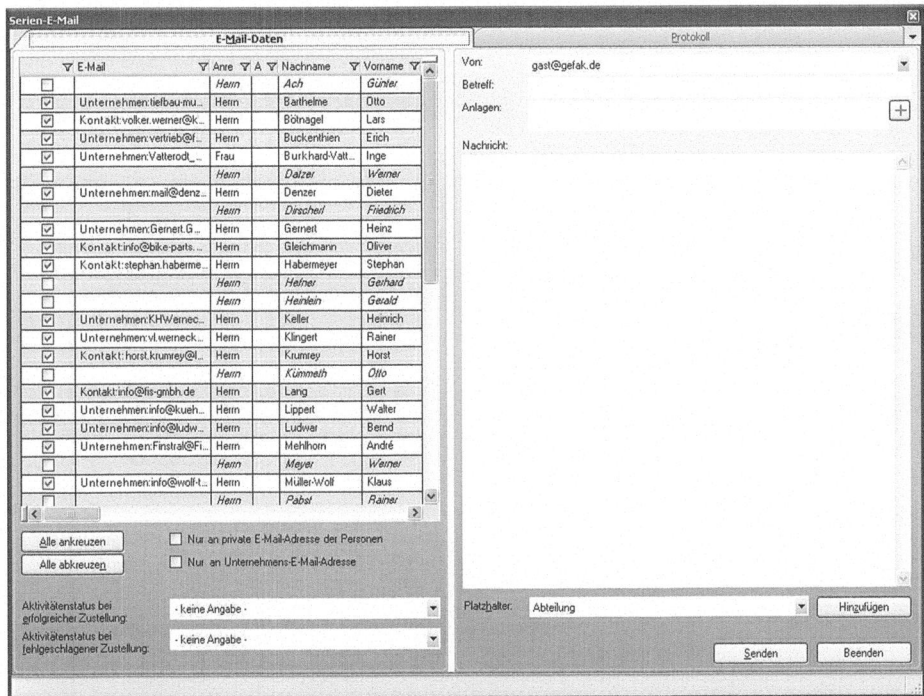

Abb. 4.23 Versand einer Serien-E-Mail an die Teilnehmer einer Veranstaltung

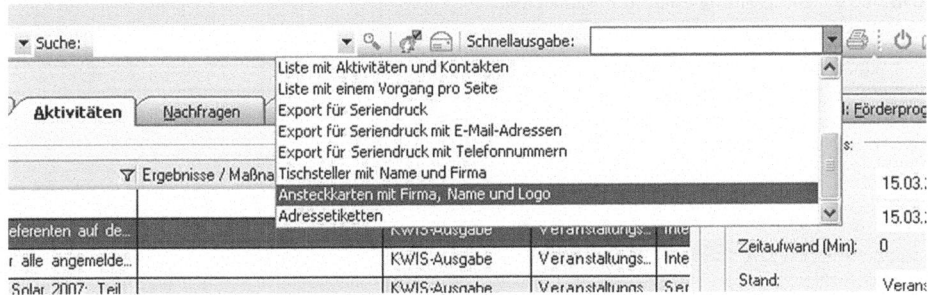

Abb. 4.24 Ausgabe-Optionen beim Veranstaltungsmanagement

- Präsentation der Unternehmensdaten im Internet, um auf die regionalen Produkt- und Dienstleistungsangebote hinzuweisen (regionale Branchenbücher oder Einkaufsführer),
- Aufbau einer interaktiven Plattform, um den Unternehmen die Möglichkeiten einzuräumen, ihre Daten selbst zu aktualisieren oder auch um bestimmte Dienstleistungen oder Angebote der Wirtschaftsförderung abrufen zu können,
- Einrichtung von Cluster- oder Kompetenznetzwerken, um einerseits die Stärken und Kernkompetenzen der regionalen Wirtschaft zu präsentieren und andererseits die Kooperation der Wirtschaftsförderung mit diesen Betrieben bzw. der Betriebe untereinander zu unterstützen,

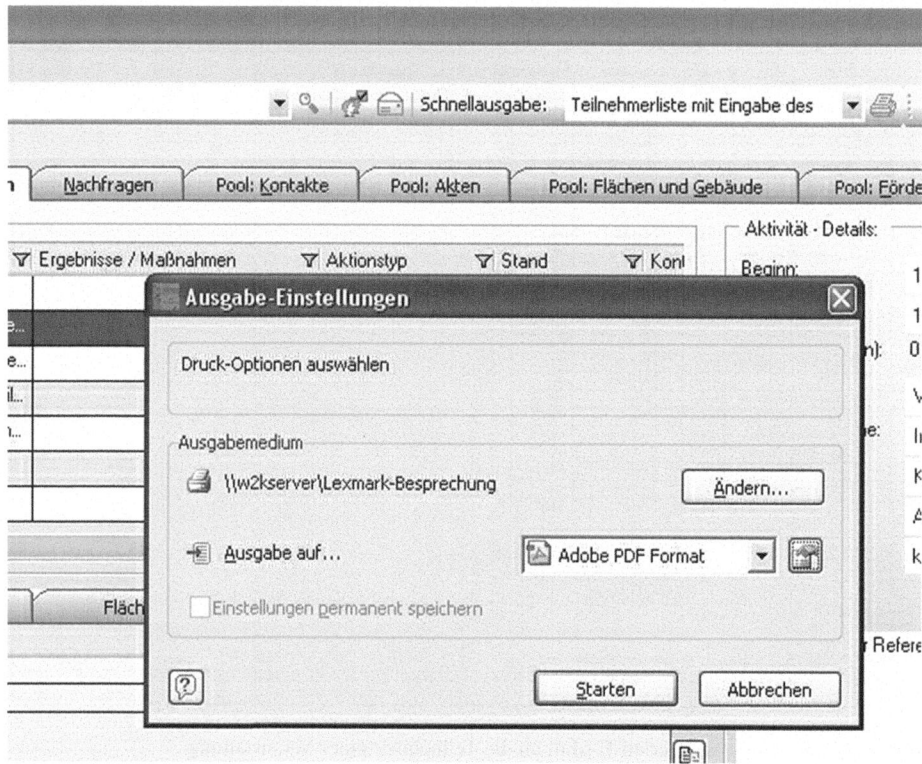

Abb. 4.25 Vorbereitung einer Teilnehmerliste

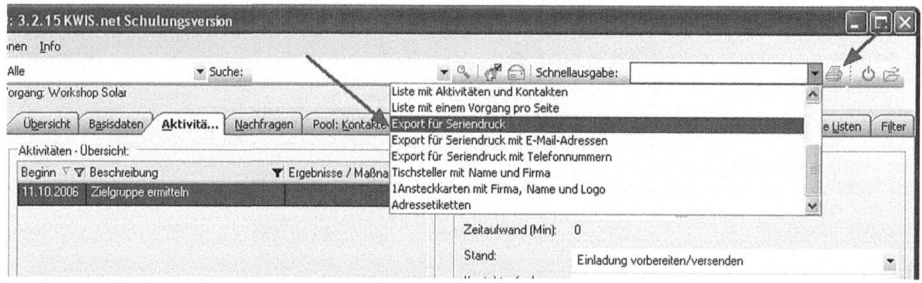

Abb. 4.26 Export von Adressdaten für den Seriendruck

- Aufbau von regional übergreifenden Informationssystemen, mit denen Unternehmensdaten nicht nur regional, sondern gleichzeitig überregional dargestellt werden können, ohne dass eine doppelte Datenaktualisierung erforderlich wird.

Diese verschiedenen Möglichkeiten des Aufbaus von internetgestützten Unternehmensdatenbanken und von überregionalen Informationsverbundsystemen sollen anhand konkreter Beispiele veranschaulicht werden.

4.5 Verknüpfung von Unternehmensdaten der CRM-Systeme mit Internetportalen

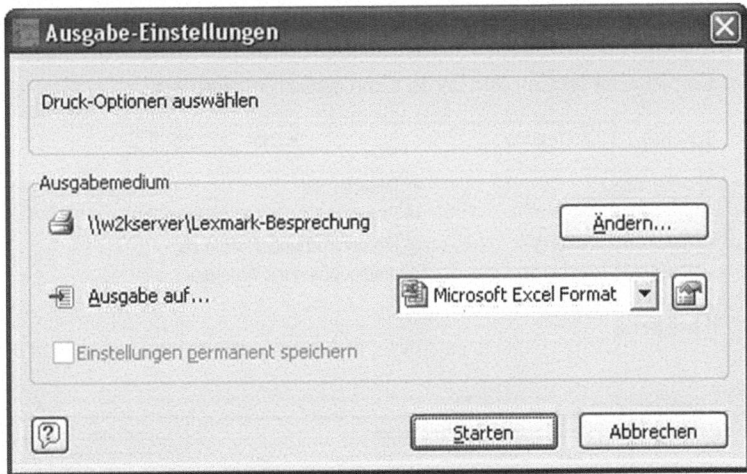

Abb. 4.27 Definition der Ausgabeformate bei CRM-Systemen

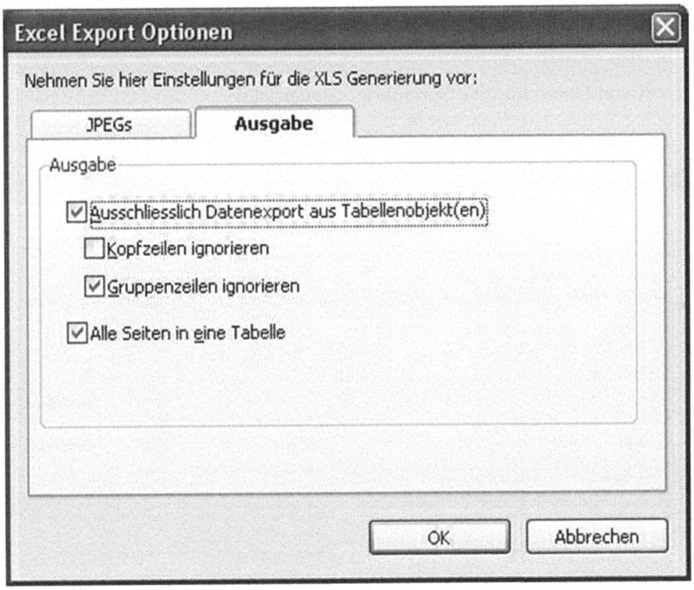

Abb. 4.28 Export von Daten aus einem CRM-System

Branchenbuch der Stadt Eisenach Die Wartburgstadt Eisenach hat ein Branchenverzeichnis im Internet aufgebaut, das einen Überblick über die Produkte und Dienstleistungen von etwa 2.500 Unternehmen der Wartburgregion gibt (vgl. Abb. 4.37). Diese Daten werden direkt aus dem CRM-System der Region über eine sog. Web-Schnittstelle in die Internetplattform übertragen. In diesem speziellen Fall wird die Datenbank von insgesamt 4 Institutionen genutzt (Stadt Eisenach, Wartburgkreis, Landkreis Schmalkalden-Meiningen, Landkreis Hildburghausen). Mit der Mandantenfähigkeit des

Abb. 4.29 Export von Daten für eine Serienbrief-Steuerdatei

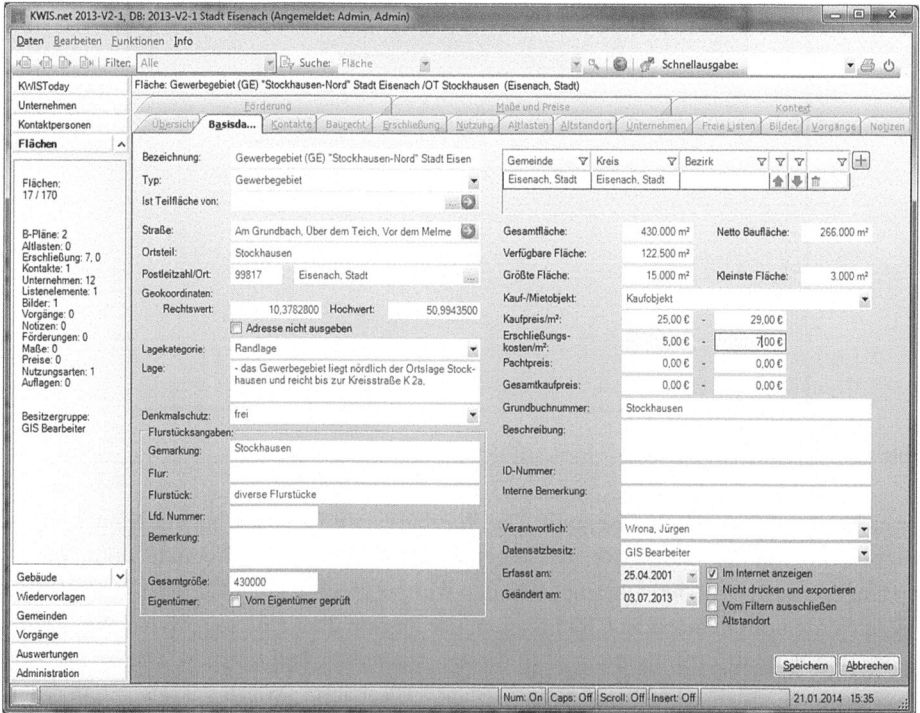

Abb. 4.30 Flächendarstellung im CRM-System

4.5 Verknüpfung von Unternehmensdaten der CRM-Systeme mit Internetportalen

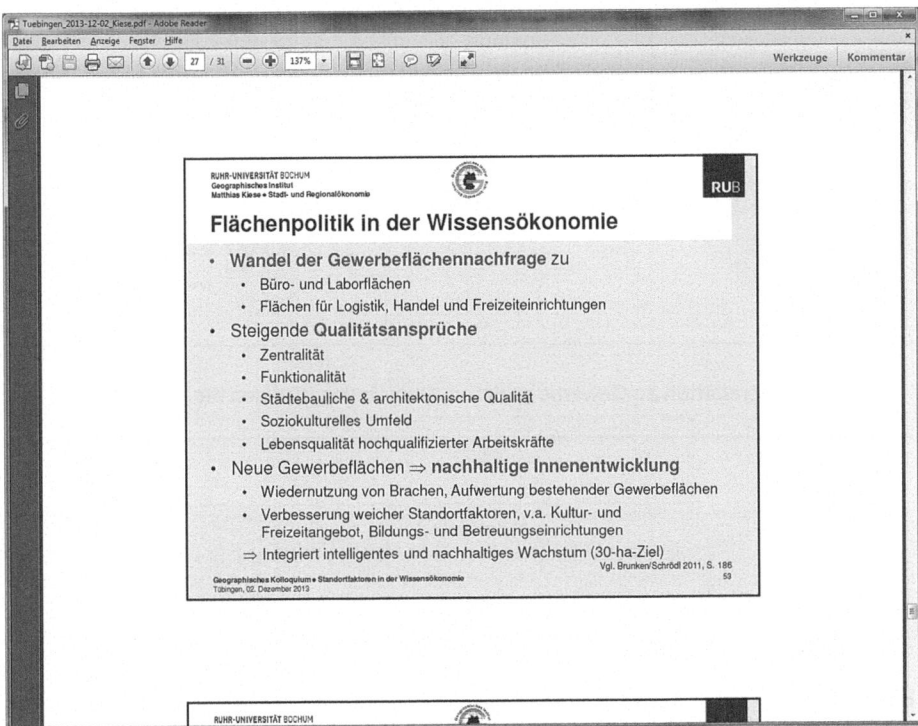

Abb. 4.31 Steigende Ansprüche an Flächenmanagement 1; Kiese, Matthias: Standortfaktoren in der Wissensökonomie, Geographisches Kolloquium, Tübingen 2013, S. 53

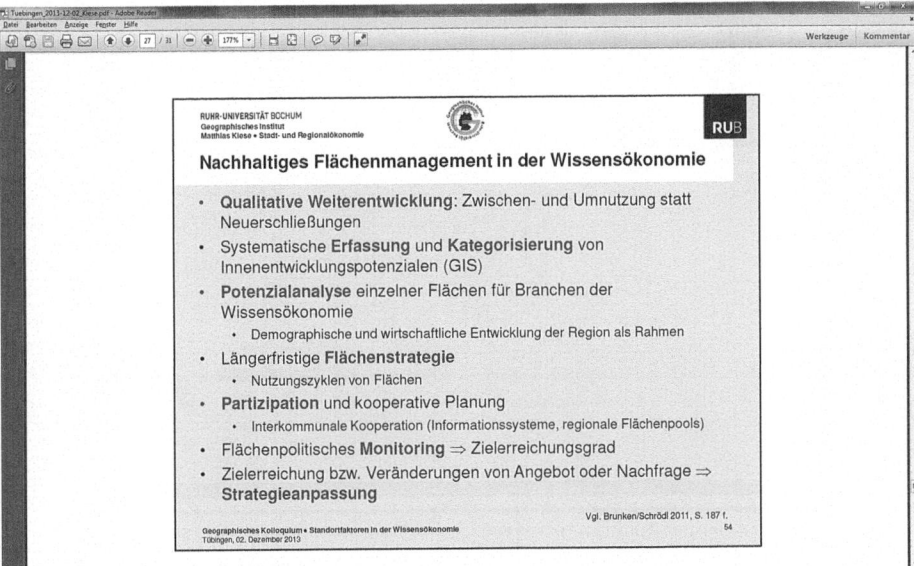

Abb. 4.32 Steigende Ansprüche an Flächenmanagement 2; Kiese, Matthias: Standortfaktoren in der Wissensökonomie, Geographisches Kolloquium, Tübingen 2013, S. 54

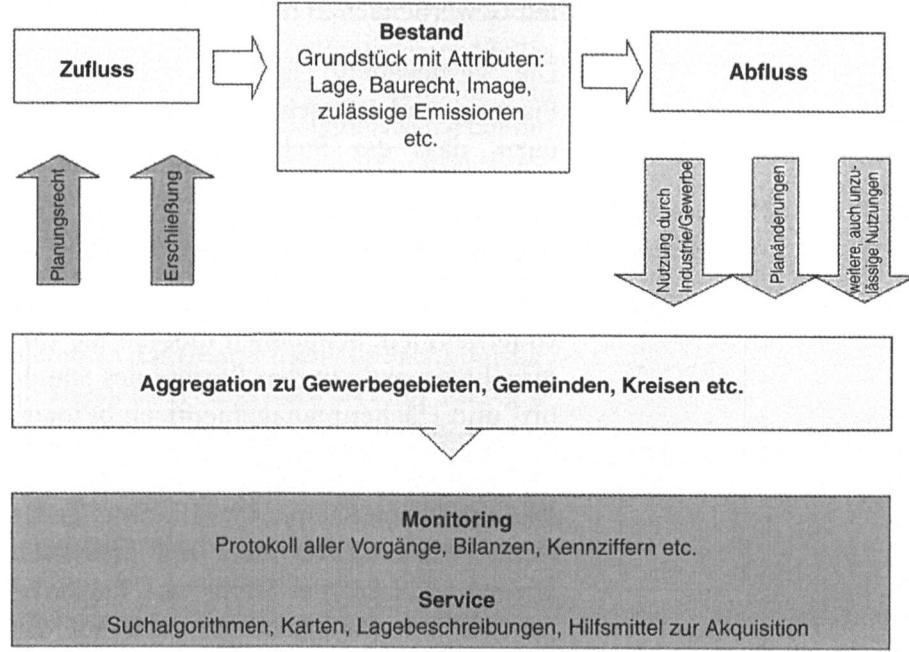

Abb. 4.33 Monitoringkonzeption; Bonny, Hanns Werner/Bunde, Jürgen/Glaser, Jürgen/Krause, Kai-Uwe/Beckmann, Andreas: Gewerbeflächenmonitoring, S. 11

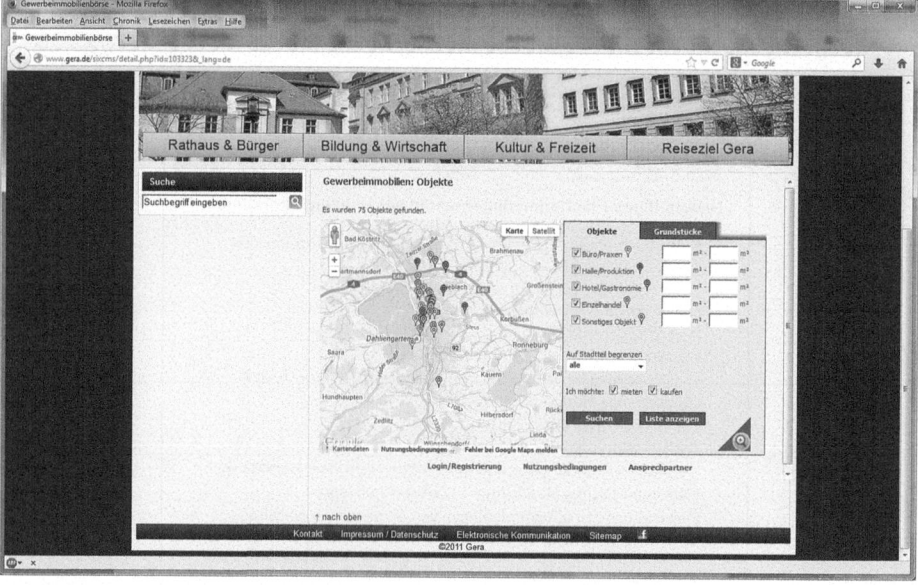

Abb. 4.34 Immobilienlösung der Otto-Dix-Stadt Gera; Homepage der Stadt Gera: http://www.gera.de/sixcms/detail.php?id=103323&_lang=de

4.5 Verknüpfung von Unternehmensdaten der CRM-Systeme mit Internetportalen

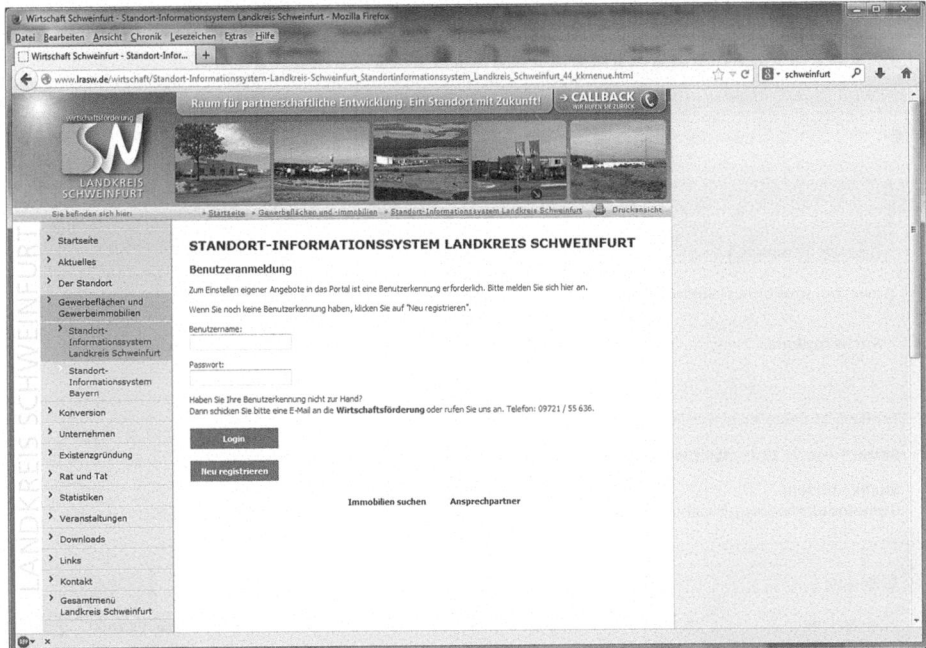

Abb. 4.35 Flächenlösung des Landkreises Schweinfurt; Homepage des Landkreises Schweinfurt: http://www.lrasw.de/wirtschaft/Standort-Informationssystem-Landkreis-Schweinfurt_Standortinformationssystem_Landkreis_Schweinfurt_44_kkmenue.html

Systems wird sichergestellt, dass zwar eine gemeinsame Sicht von allen Institutionen auf die Unternehmensdaten der Stadt Eisenach möglich ist, das Recht auf Ändern und Löschen von Daten wird aber nur den Wirtschaftsförderern der Stadt Eisenach eingeräumt. Wenn die Wirtschaftsförderung der Stadt Eisenach darüber hinaus Vorgänge oder Aktivitäten allein für sich anlegen und sichtbar machen möchte, können die Nutzer anderer Wirtschaftsförderungseinrichtungen auch vom Lesen dieser Daten ausgeschlossen werden. Gleichzeitig ermöglicht diese Vorgehensweise eine deutlich verbesserte Kooperation der regionalen Wirtschaftsförderung. Das Spektrum möglicher Kooperations- und Flächenangebote erhöht sich deutlich, das „Kirchturmdenken" wird vermindert.

Das Branchenbuch der Stadt Eisenach ist so aufgebaut, dass ein Überblick über die wichtigsten Angebote und Dienstleistungen der ansässigen Betriebe gegeben wird. In diesem Zusammenhang muss auch die Frage des Datenschutzes besprochen werden:

- Welche Unternehmensinformationen dürfen dargestellt werden?
- Muss die Zustimmung der Betriebe zur Unternehmenspräsentation eingeholt werden?
- Muss der Landesdatenschützer eingebunden werden?

Abb. 4.38 zeigt die Einzelbilddarstellung zu einem Eisenacher Betrieb aus dem Bereich Maschinenbau. Es werden aus dem CRM-System nur diejenigen Informationen übertra-

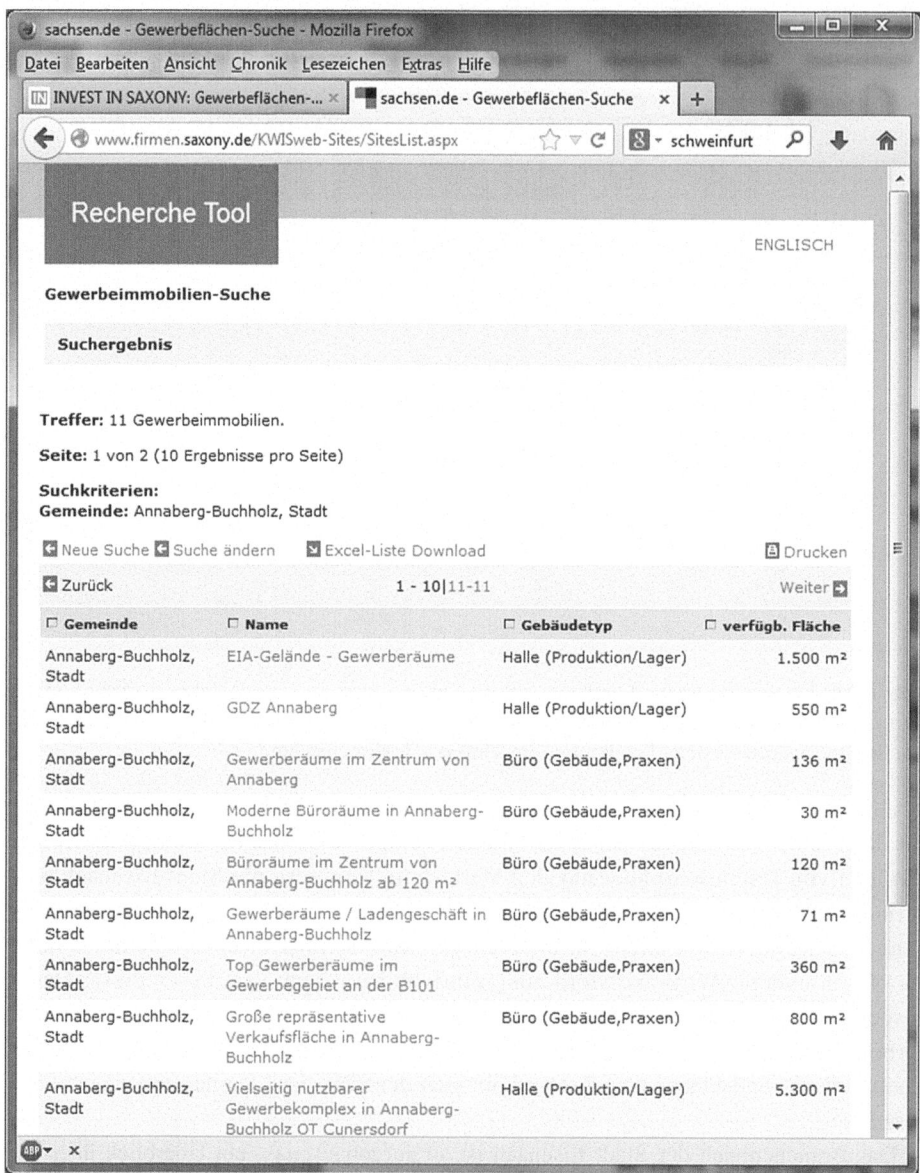

Abb. 4.36 Landesweite Flächenlösung des Freistaats Sachsen; Homepage des Freistaats Sachsen: http://www.firmen.saxony.de/KWISweb-Sites/SitesList.aspx

gen, die nicht dem Datenschutz unterliegen. Erklärtes Ziel der Eisenacher Wirtschaftsförderung ist es, mit der Internetlösung auch Kleinbetrieben eine Präsentation im Internet zu ermöglichen, die sich keine eigene Homepage leisten können oder aufbauen wollen. Über diese reine Datenpräsentation hinaus wurde in dieser Lösung auch eine Verbindung mit einem Präsentationstool realisiert, das eine Visualisierung der Daten auf einer Kartenlösung gewährleistet (Abb. 4.39).

4.5 Verknüpfung von Unternehmensdaten der CRM-Systeme mit Internetportalen

Abb. 4.37 Branchenbuch der Stadt Eisenach; Homepage der Wartburgstadt Eisenach: http://www.eisenach.de/Branchenverzeichnis.2466.0.html

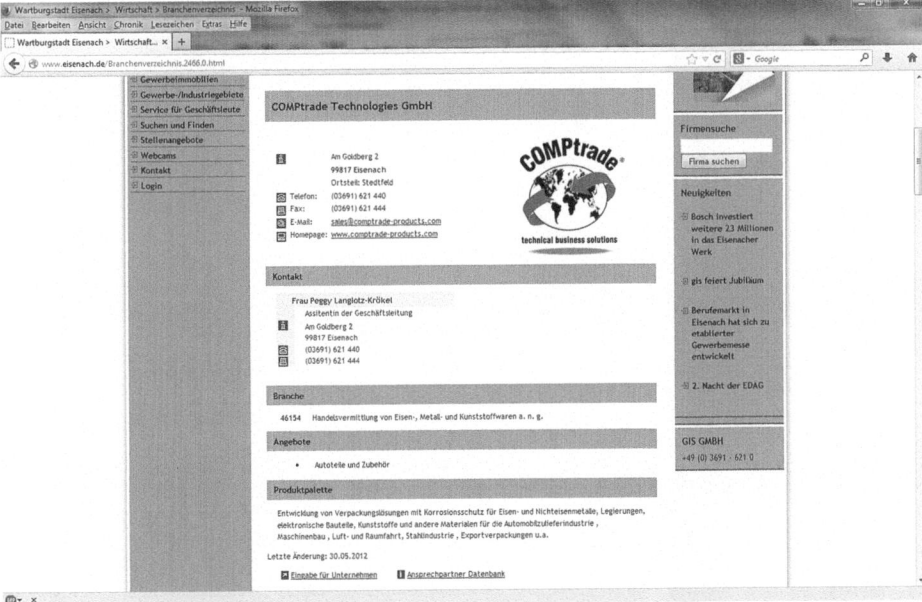

Abb. 4.38 Einzeldarstellung eines Betriebs; http://www.eisenach.de/Branchenverzeichnis.2466.0.html

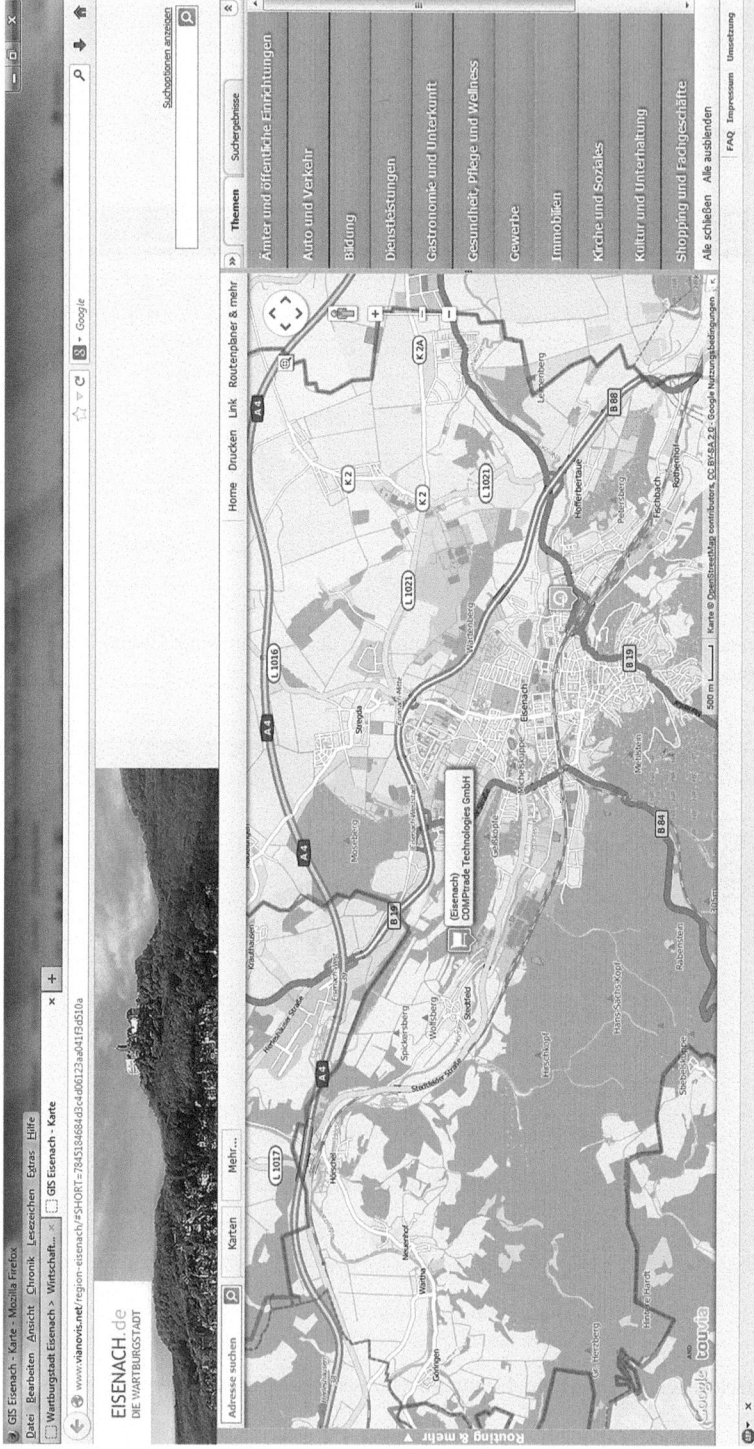

Abb. 4.39 Visualisierung der Unternehmensinformationen in einer Kartenlösung; Homepage der Wartburgstadt Eisenach: http://www.vianovis.net/region-eisenach/#SHORT=0cb8c210890c7908c66c581d315ba59b

4.5 Verknüpfung von Unternehmensdaten der CRM-Systeme mit Internetportalen

Das Beispiel zeigt auf, dass die Treffer einer bestimmten Suche (in diesem Fall Unternehmen des Maschinenbaus) mit Symbolen in der Lösung dargestellt werden. Über diese Symbole können dann weitere Möglichkeiten zur Informationsbereitstellung (Routenplaner, Bahnverbindungen, QR-Code, usw.) aktiviert werden. Für diese und andere Lösungen wurde ein sog. „Branchenbaum" erstellt. Da die NACE-Systematik den Unternehmen und vor allem auch den Bürgern nicht so geläufig ist, wurde die NACE-Systematik in umgangssprachliche Bezeichnungen für Wirtschaftsbereiche „übersetzt". Diese soll im Unterricht beispielhaft erläutert werden. Damit kann das ursprünglich als Branchenbuch geplante Internetportal in gleicher Weise als Einkaufsführer verwendet werden, mit dem Öffnungszeiten oder spezielle Angebote veröffentlicht werden. Ein wichtiger Gesichtspunkt von öffentlichen Plattformen zur Unternehmenspräsentation besteht darin, dass diese Dienstleistungen kostenlos angeboten werden. Lösungen von Kommunen, die eine allgemeine Kostenbeteiligung der Betriebe vorsahen oder hervorgehobene Positionierungen von Betrieben mit Kostenbeteiligungen eingeführt haben, haben sich in der Praxis nicht bewährt.

Technologie-Atlas des Ilm-Kreises Eine weitere Verwendungsmöglichkeit besteht im Aufbau von Internetportalen zur Cluster- oder Branchenkompetenznetz-Förderung. Die Funktionalität und die Möglichkeiten zur Datenaktualisierung sollen am Beispiel des Technologie-Atlas des Ilm-Kreises erläutert werden. Die Daten zur Kennzeichnung der verschiedenen Technologiebereiche und Netzwerke werden in diesem Fall ebenfalls aus dem CRM-System übertragen, in dem diese Kategorien als sog. „Freie Listen" hinterlegt sind (vgl. im Beispiel der Abb. 4.40 die Untergliederung des Technologiebereichs „Medizintechnik/Biotechnologie").

Über 1.150 Unternehmen des Kreises sind insgesamt aufgeführt, wobei auch ein großer Teil nach Technologiefeldern, Netzwerken oder aufgrund der jeweiligen Zuordnung zum Kompetenzatlas (Hersteller, Dienstleister oder Forschung/Entwicklung) differenziert aufgenommen wurde. Diese Internetlösung wurde so konzipiert, dass den Unternehmen über individuelle Benutzerkennung und Passwort die Möglichkeit eingeräumt wurde, ihre Daten selbst einzutragen oder fortzuschreiben. Die im Internet vorgenommenen Einträge werden über einen Web-Service direkt in das lokale CRM-System der Wirtschaftsförderung eingespielt. Die Wirtschaftsförderung wird über eine Wiedervorlage-Funktion auf Neueinträge hingewiesen. Neu eingetragene Unternehmen müssen nach Prüfung der Informationen (handelt es sich um ein regionales Unternehmen?, sind es seriöse Einträge?) zunächst freigeschaltet werden. Bei Änderungen, die durch bereits eingetragene Betriebe vorgenommen wurden, werden diese direkt in die lokale Datenbank eingespielt. Auf diese Weise erhält die Wirtschaftsförderung Unterstützung bei der Datenpflege durch die ansässigen Betriebe selbst. Die Suchergebnisse bei der Recherche (siehe dazu Abb. 4.41) können über eine EXCEL-Tabelle direkt exportiert werden (wobei keine E-Mail-Daten der Unternehmen mit übertragen werden) oder wie in Eisenach über eine Kartdarstellung abgerufen werden. Abb. 4.42 zeigt die Möglichkeit für einen Neueintrag des Unternehmens. Diese muss mit fest vorgegebenen Stammdaten für die Branchen, Technologiefelder oder Netzwerke aufgebaut sein, damit die Datenqualität sichergestellt werden kann.

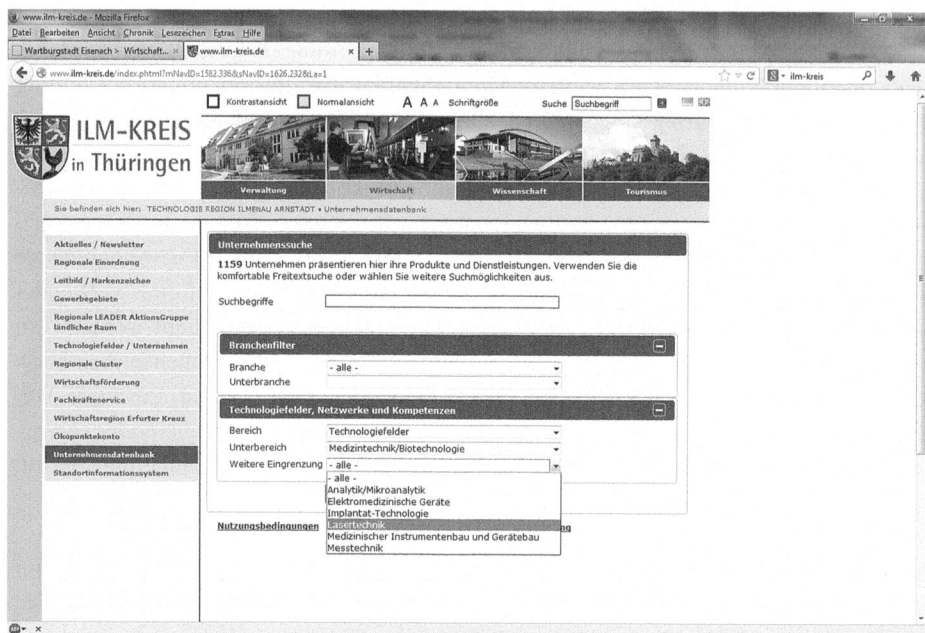

Abb. 4.40 Technologie-Atlas des Ilm-Kreises; Homepage des Ilm-Kreises: http://www.ilm-kreis.de/index.phtml?mNavID=1582.336&sNavID=1626.232&La=1

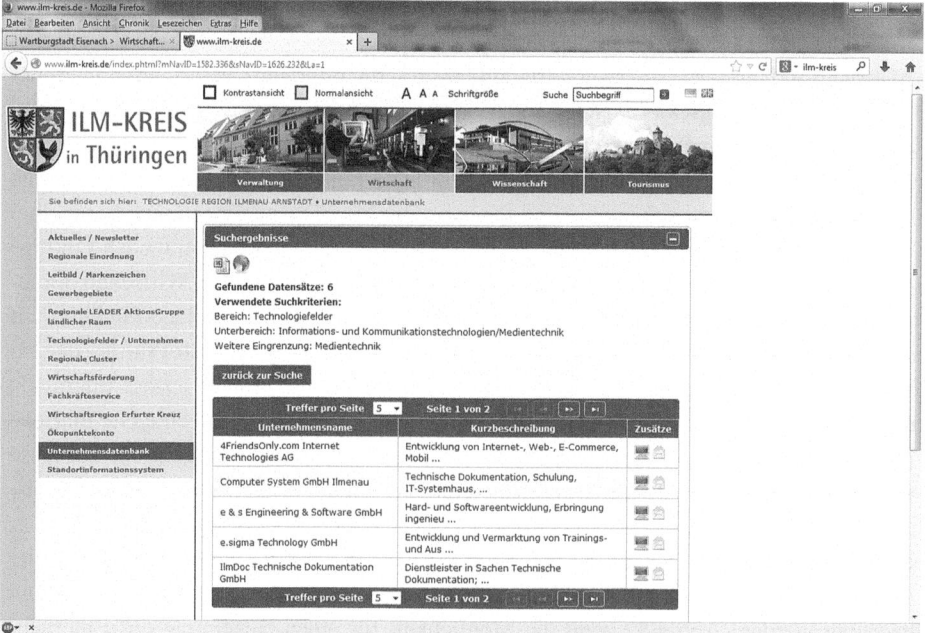

Abb. 4.41 Suchergebnis im Technologie-Atlas des Ilm-Kreises; Homepage des Ilm-Kreises: http://www.ilm-kreis.de/index.phtml?mNavID=1582.336&sNavID=1626.232&La=1

4.5 Verknüpfung von Unternehmensdaten der CRM-Systeme mit Internetportalen

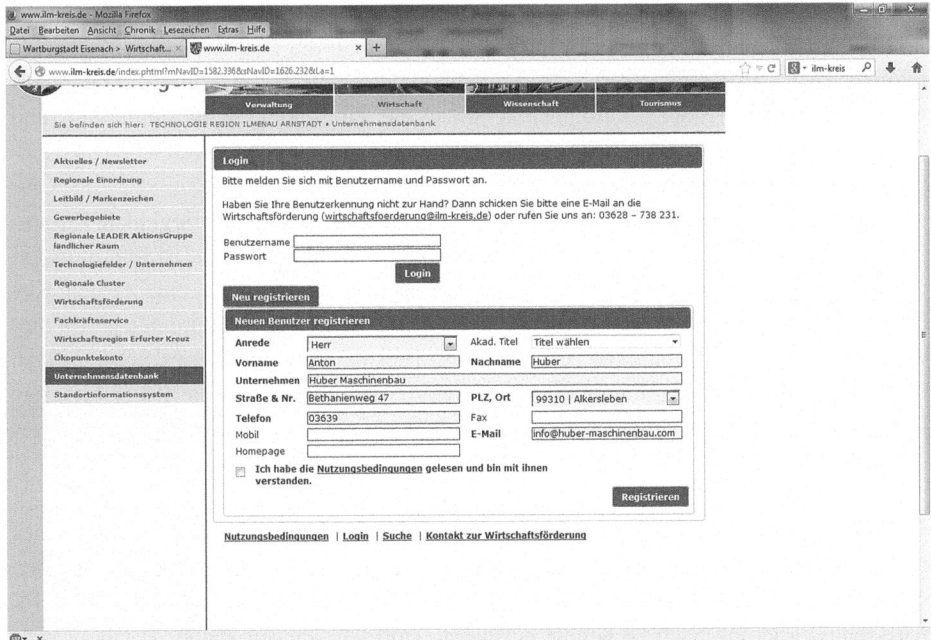

Abb. 4.42 Selbsteintrag durch Betriebe über das Internet; Homepage des Ilm-Kreises: http://www.ilm-kreis.de/index.phtml?mNavID=1582.336&sNavID=1626.232&La=1

Während es sich bei diesem Technologie-Atlas überwiegend um eine Präsentation der wichtigsten Branchenkompetenzen handelt, gibt es darüber hinaus von Wirtschaftsförderungseinrichtungen eingerichtete Plattformen, die gleichzeitig zur Steuerung der Netzwerke selbst genutzt werden können. Diese sind überwiegend in größeren Gebietskörperschaften vorhanden. Als Beispiel soll die Key-Technologies-Datenbank der Bayern International GmbH vorgestellt werden.

Key Technologies in Bayern Über die Internetplattform „Key Technologies in Bavaria" werden über 27.000 Unternehmen aus 22 Schlüsselbereichen präsentiert. Die größten Kompetenzbereiche sind der Maschinenbau mit 3.827, die Informations- und Kommunikationstechnologien mit 2.624 und die Elektrotechnik und Elektronik mit 2.188 Einträgen. Die bayerischen Unternehmen haben die Möglichkeit, sich für mehrere Schlüsselbereiche einzutragen. Die Lösung enthält alle Komponenten (Verknüpfung mit einem CRM, Kartendarstellung und Selbsteintrag der Unternehmen) wie die beiden obigen Lösungen.

Mit der Internetlösung stellt die bayerische Wirtschaftsförderungsgesellschaft Bayern International GmbH kostenlos umfassende Informationen über bayerische Unternehmen, Institutionen aus Forschung, Technologietransfer und Netzwerkmanagement sowie über Fachbehörden und Verbände bereit. Bayerische Unternehmen erhalten dadurch mehr Präsenz, und eine Kooperationsanbahnung zwischen Geschäftspartnern im In- und Ausland wird erleichtert. Ein wichtiger Aspekt dieser Informationsbereitstellung besteht im Gegensatz zu den bisher beschriebenen Plattformen in der Außenwirtschaftsförderung.

Der Informationsinhalt geht ebenfalls deutlich über die oben beschriebenen Lösungen hinaus. Neben den dort enthaltenen Informationen enthält die Datenbank von Key Technologies Daten zu Kernkompetenzen, Sprachkompetenzen, Zertifizierungen, Zielregionen, Zielbranchen, Kooperationsangebote sowie die Zuordnung zu Beschäftigten- und Umsatzgrößenklassen (vgl. Abb. 4.43). Damit hat diese Lösung einen viel stärker kooperationsorientierten Ansatz.

Um den Bekanntheitsgrad der Plattform zu steigern und um die überregionale Zusammenarbeit zu intensivieren, bietet Bayern International den Wirtschaftsförderungseinrichtungen in bayerischen Städten und Landkreisen an, eine Verlinkung zu den Key Technologies auf ihrer Homepage vorzunehmen. Eine Reihe von Institutionen haben dieses Angebot genutzt (siehe dazu Abb. 4.44 zum Beispiel des Landkreises Schweinfurt). Wenn der Link durch den Internetnutzer aktiviert wird, öffnet sich die Plattform „Key Technologies" mit einer Voreinstellung eines Filters auf die Unternehmen des Landkreises Schweinfurt.

Sächsisches Informationsverbundsystem Noch einen Schritt weiter in Richtung eines landesweiten Informationsaustauschs zwischen der Landeswirtschaftsförderung und den Wirtschaftsförderungseinrichtungen der dezentralen Gebietskörperschaften ist die WFS Wirtschaftsförderung Sachsen GmbH gegangen. Dort wurden seit knapp 20 Jahren vielfältige Mechanismen zum Datenaustausch entwickelt, um ein möglichst einheitliches

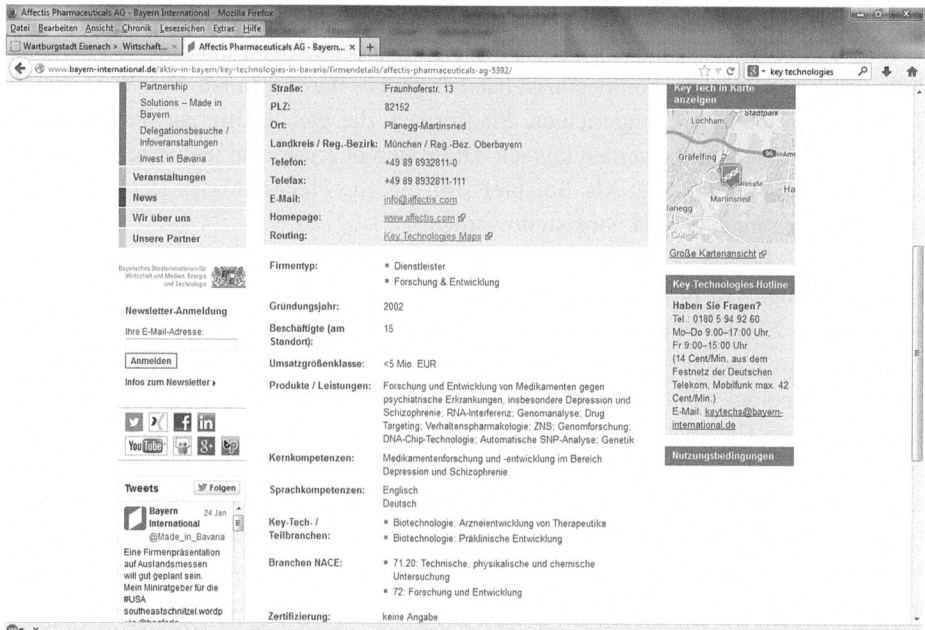

Abb. 4.43 Informationsplattform „Key Technologies"; Die bayerische Firmendatenbank Key Technologies: http://www.bayern-international.de/aktiv-in-bayern/key-technologies-in-bavaria

4.5 Verknüpfung von Unternehmensdaten der CRM-Systeme mit Internetportalen

Abb. 4.44 Verlinkung zur Informationsplattform „Key Technologies in Bavaria"; Homepage des Landkreises Schweinfurt: https://www.landkreis-schweinfurt.de/wirtschaft/Unternehmen_Unternehmen_6_kkmenue.html

Datenmanagement aller Institutionen zu erreichen. Diese Bestrebungen erfolgten insbesondere unter folgenden Zielen:

- Investoren, bestehende Unternehmen und Existenzgründer sollen mit identischen Informationen (zu Flächen, Immobilien und Unternehmensdaten) versorgt werden. Uneinheitliche oder gar widersprüchliche Informationen zu identischen Unternehmen oder Flächen/Objekten sollen vermieden werden, unabhängig davon, ob der entsprechende Datensatz von der WFS-Homepage oder der Internetpräsentation der dezentralen Gebietskörperschaft aufgerufen worden ist.

- Doppelerfassungen bei der Informationsbeschaffung werden vermieden.
- Die Entwicklung gemeinsamer Strategien zur Wirtschaftsförderungspolitik wird vereinfacht.

Mit den neuen technologischen Möglichkeiten eines Datenaustauschs über das Internet wurde der mit Abb. 4.45 beschriebene Projektstand erreicht. Die zentrale sächsische Unternehmensdatenbank der WFS beinhaltet mittlerweile über 50.000 Datensätze zu Unternehmen. Diese Daten werden über die eigene manuelle Datenpflege, über die Internetaktualisierung der sächsischen Betriebe und über jährliche Aktualisierung der Creditreform-Daten fortgeschrieben. Die WFS bietet allen sächsischen Kreisen und Städten eine kostenlose jährliche Datenlieferung mit den jeweiligen aktualisierten Creditreform-Unternehmensdaten an. Diese können von den Gebietskörperschaften in die eigene lokale Datenbank importiert werden. Die Daten werden als EXCEL-Listen verschickt oder können direkt über einen Zugang auf die WFS-Homepage heruntergeladen werden. Die Kreise und Städte können somit jährlich etwa zwischen 1.000 und 4.000 aktualisierte Unternehmensdatensätze erhalten und für eine eigene Fortschreibung ihrer vorhandenen Datenbanken nutzen.

Von den bei der WFS insgesamt über 50.000 vorhandenen Unternehmensdatensätzen werden aktuell knapp 34.000 mit ausgewählten Informationen über ein Firmenportal präsentiert. Durch die Entwicklung eines speziellen Web-Service können die für das Internet bereitgestellten Datensätze auch durch andere Akteure (mit-)genutzt werden:

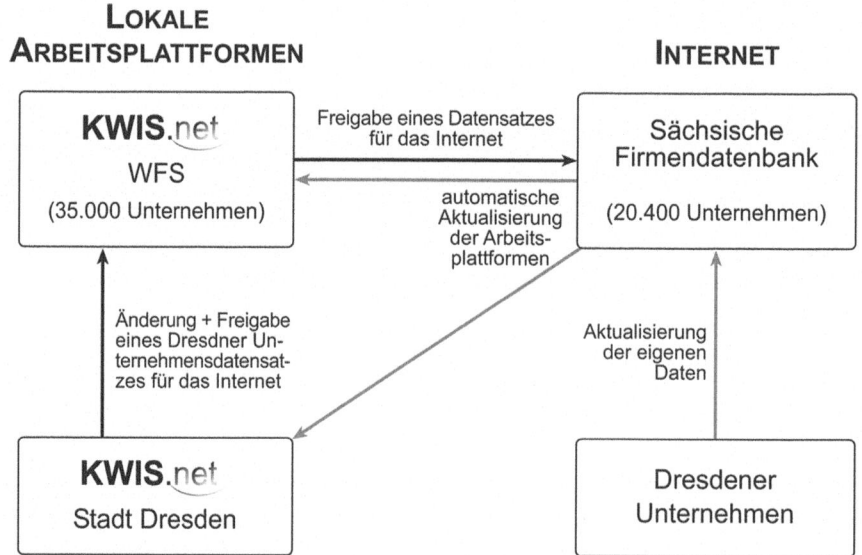

Abb. 4.45 Landesweiter Informationsverbund Sachsen

- Durch die Einstellung entsprechender räumlicher Parameter können die Gebietskörperschaften die Firmendatenbank auf ihrer eigenen Homepage verlinken, um nur ihre eigenen Datensätze zu präsentieren.
- Weiterhin werden diese Daten den Kommunen bereitgestellt, damit sie eigene Web-Lösungen zur Präsentation und Visualisierung von Unternehmensdaten realisieren können.
- Eine Zusammenarbeit und eine Abstimmung über ein gemeinsames Datenmanagement bestehen ebenfalls mit verschiedenen sächsischen Clusternetzwerken.

Um den Unternehmen in Sachsen die Mehrarbeit abzunehmen, Aktualisierungen ihrer Interneteinträge nicht an verschiedenen Stellen (lokal, regional und überregional) vornehmen zu müssen, wurde das System des Informationsverbunds gemäß Abb. 4.45 weiter entwickelt. Ein Unternehmen beispielsweise in der Stadt Dresden braucht seinen Eintrag im Internet nur an einer Stelle zu ändern. Eine Replizierung („automatischer Datenabgleich") der verschiedenen verknüpften Datenbanken sorgt dafür, dass die Aktualisierung des Dresdner Unternehmens gleichzeitig zu einer Datenanpassung des Datensatzes in der WFS – und in der Datenbank der Stadt Dresden führt.

Kontroll- und Lernfragen

- Wie kann eine Verknüpfung von lokalen und Internetdatenbanken realisiert werden?
- Welche Möglichkeiten einer Netzwerk- und Clusterbetreuung sind mit CRM-Systemen realisierbar?
- Wie kann die Kooperation zwischen verschiedenen Gebietskörperschaften organisiert werden, um die Informationsbereitstellung effizienter zu gestalten?
- Welche Formen der Darstellung von Branchen, Technologiebereichen oder Kompetenzfeldern gibt es?
- Über welche Wege kann die Flächendaten-Aktualisierung durch Kommunen organisiert werden?

Literatur

Bonny, H. W., Bunde, J., Glaser, J., Krause, K. U., & Beckmann, A. (2006). *Gewerbeflächenmonitoring – Ein Ansatz zur Steigerung der Wettbewerbsfähigkeit des Gewerbeflächenpotentials in Ostdeutschland*. Bonn: Bundesministerium für Verkehr, Bau und Stadtentwicklung.

Kiese, M. (2013). *Standortfaktoren in der Wissensökonomie*. Tübingen: Vortrag im Geographischen Kolloquium.

Baustein 4: Mögliche Wege zur Verbesserung des Kontaktmanagements

Zusammenfassung

Die verbesserten technischen Möglichkeiten des Informationsmanagements in den vergangenen Jahren bieten zahlreiche Chancen zur Intensivierung und Verbesserung des Kontaktmanagements.

Lernziele

In diesem Baustein 4 sollen einige dieser Möglichkeiten der Kontaktaufnahme vorgestellt und diskutiert werden. Es soll den Studierenden auch vermittelt werden, wie wichtig eine sensible Kontaktpflege bei den ansässigen Betrieben für den Erfolg einer Wirtschaftsförderung ist.

Gleichzeitig muss darauf aufmerksam gemacht, dass die zunehmende Informationsflut die Gefahr birgt, dass ein immer größerer Anteil der Arbeitszeit darauf zu verwenden ist, die tatsächlich wichtigen Informationen herauszufiltern. Zudem soll der Blick dafür geschärft werden, dass das Informationsmanagement innerhalb der Wirtschaftsförderung sehr gut geplant werden muss. Informationsangebote über die Homepage, z. B. Clusternetzwerke oder Branchenportale, deren Inhalte nicht aktuell bleiben oder die nach kurzer Zeit wieder eingestellt werden, können sehr schnell das Vertrauen in die Informationspolitik der Wirtschaftsförderung zerstören. Deshalb wird der enge Kontakt zu den Bestandsunternehmen intensiv und dauerhaft gepflegt werden müssen.

5.1 Schriftliche Unternehmensbefragungen

Eines der wichtigsten Instrumente zur Verbesserung der Kundenbeziehungen besteht in regelmäßigen Unternehmensbefragungen. Die in der Vergangenheit allein schriftlich durchgeführten Unternehmensbefragungen werden seit kurzem auch zunehmend über Online-Tools abgewickelt (zu den Online-Befragungen siehe Abschn. 5.2). Mit der Durchführung von Unternehmensbefragungen verfolgen Wirtschaftsförderer insbesondere folgende Ziele:

- **Verbesserung des Kontaktmanagements:** Aktualisierung des vorhandenen Datenbestandes für die zielgruppengerechte Ansprache der Unternehmen
- **Standortanalyse:** Aktuelle Bestandsaufnahme der Standortzufriedenheit und Ermittlung der betrieblichen Planungen hinsichtlich eigener als auch überbetrieblicher Strukturen.
- **Regionale Entwicklungsstrategie:** Ermittlung der Ausgangslage zur Positionierung der Region in Zukunftsthemen (Fachkräftesituation, Kompetenzfelder, Vereinbarkeit von Familie und Beruf etc.).
- **Verbesserung des Qualitätsmanagements:** Ermittlung der künftigen Anforderungen der heimischen Betriebe an die Wirtschaftsförderung und Messung der Zufriedenheit der Betriebe mit den Dienstleistungen der Wirtschaftsförderung.

Das methodische Vorgehen bei einer Unternehmensbefragung soll anhand eines konkreten Beispiels vorgestellt und diskutiert werden:

- Anschreiben durch Verwaltungsspitze und Wirtschaftsförderung,
- Nicht-anonyme Ansprache der Unternehmen,
- Aufbau und Inhalte eines 4-seitigen Fragebogens,
- Auswertung der Ergebnisse,
- Einbindung der Daten in ein CRM.

Unternehmensbefragungen sollten in bestimmten Zeitabständen (etwa alle 4–5 Jahre) durchgeführt werden. Ein wesentlicher Erfolgsfaktor besteht in der nicht-anonymisierten Ansprache der Unternehmen. Zum einen werden die Antworten der Betriebe verbindlicher und zum anderen besteht nach Erfassung der Befragungsergebnisse die Möglichkeit, diese in das bei der Wirtschaftsförderung bestehende CRM einzubinden. Damit wird die Wirtschaftsförderung in die Lage versetzt, direkt im Anschluss an die Befragung alle Betriebe zu kontaktieren, die Flächen- oder Arbeitskräftebedarf geäußert haben, die bestimmte Dienstleistungen der Wirtschaftsförderung wünschen oder die mit bestimmten Standortfaktoren (sehr) unzufrieden sind.

Abb. 5.1 zeigt anhand einer Befragung bei der Stadt Oldenburg die Präferenzen der Unternehmen hinsichtlich der von der Wirtschaftsförderung gewünschten Dienstleistungen. Es könnten nach Import der Befragungsergebnisse in das CRM sofort jene 82 Unternehmen

5.1 Schriftliche Unternehmensbefragungen

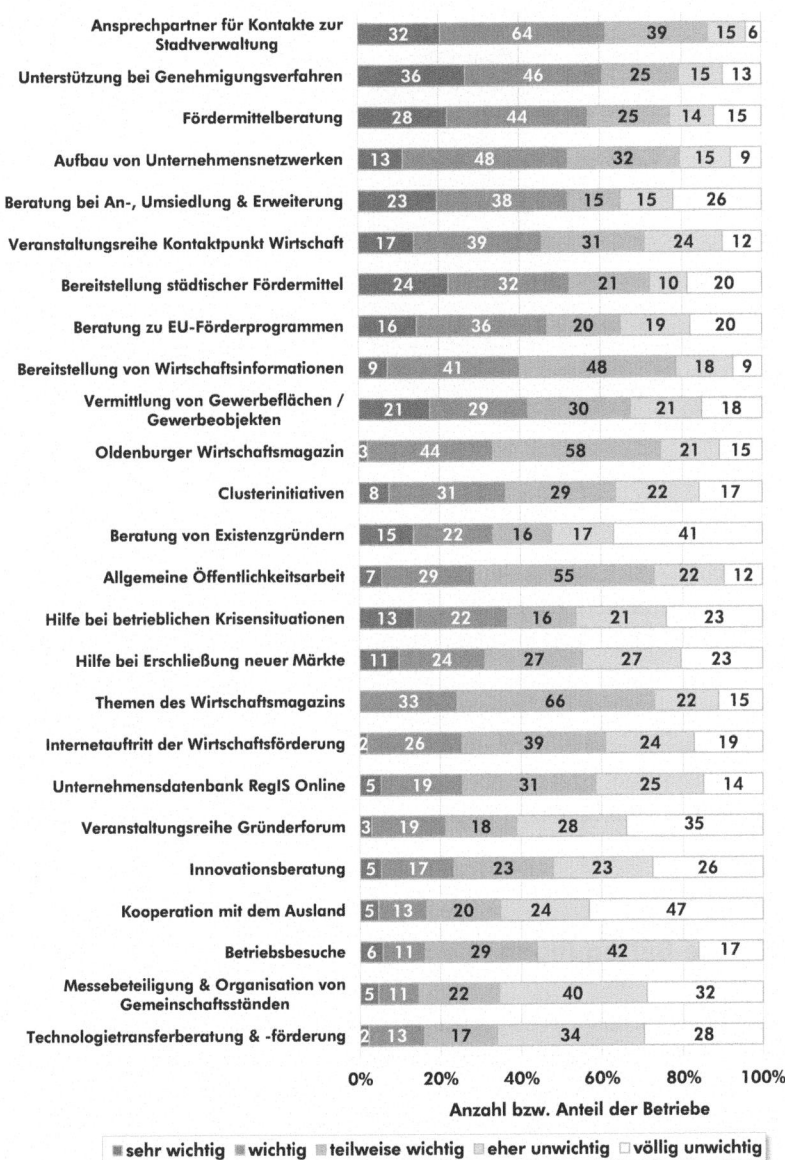

Abb. 5.1 Wichtigste Aktivitäten der Wirtschaftsförderung in der Stadt Oldenburg; GEFAK, Bericht zur Unternehmensbefragung Stadt Oldenburg 2012, Marburg 2013

per Serien-E-Mail angeschrieben werden, die eine Unterstützung bei Genehmigungsverfahren für sehr wichtig oder wichtig halten.

In gleicher Weise könnten jene 6 % der Oldenburger Unternehmen kontaktiert werden, die eher schlechte oder schlechte persönliche Erfahrungen mit der Wirtschaftsförderung

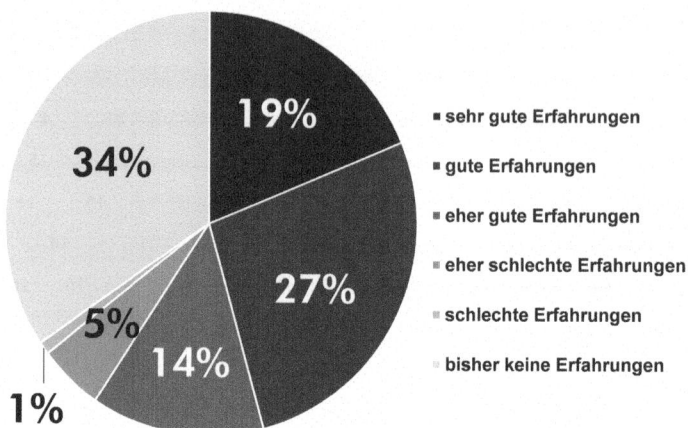

Abb. 5.2 Persönliche Erfahrungen mit der Wirtschaftsförderung; GEFAK, Bericht zur Unternehmensbefragung Stadt Oldenburg 2012, Marburg 2013

haben. Dadurch lässt sich die ohnehin positive Beurteilung der Leistungen der Wirtschaftsförderung weiter verbessern (Abb. 5.2).

Ein weiterer wichtiger Erfolgsfaktor für Befragungen besteht gerade darin, dass die Unternehmen anschließend direkt kontaktiert werden, um gemeinsam mit ihnen die Möglichkeiten der praktischen Umsetzung ihrer Anforderungen und Wünsche zu erörtern. Eine solche Strategie wird durch den Einsatz von CRM-Systemen erheblich vereinfacht. Wenn den Unternehmen der Eindruck vermittelt wird, dass aus ihren Antworten direkte Konsequenzen folgen, werden sie auch bei der nächsten Befragung dabei sein.

5.2 Online-Befragungen

In den meisten Unternehmensbefragungen, bei denen gleichzeitig ein 4-seitiger Fragebogen schriftlich oder online ausgefüllt werden konnte, hat sich heraus kristallisiert, dass etwa drei Viertel der Fragebögen weiterhin auf dem klassischen Weg (schriftlich) und nur ein Viertel direkt im Internet (online) von den Betrieben ausgefüllt wurden. Dennoch konnte die Schlussfolgerung gezogen werden, dass sich durch die zusätzliche optionale Möglichkeit der Online – Beantwortung die Rücklaufquoten der Befragungen weiter verbessert haben. Mit der Durchführung von Online-Befragungen werden die Chancen einer schnellen Ermittlung von Kundeninformationen und Unternehmensanforderungen deutlich verbessert. Außerdem ist der organisatorische Aufwand für die Abwicklung beispielsweise einer reinen Online-Befragung aus verschiedenen unten angeführten Argumenten niedriger als bei einer schriftlichen Befragung. Positive Entwicklungen führen dazu, dass dieses Instrument zukünftig verstärkt zur Ermittlung der Unternehmensanforderungen genutzt werden könnte:

5.2 Online-Befragungen

Abb. 5.3 Instrument der Online-Befragung 1

- Trotz der bisher noch gegenüber den schriftlichen Befragungen untergeordneten Nutzung gibt es bei den Unternehmen eine steigende Akzeptanz für diese Befragungsform.
- Online – Befragung können bereits in sehr kurzen Zeitfenstern Ergebnisse liefern.
- Da die Befragungsergebnisse bereits in digitaler Form vorliegen, können sie sehr schnell in die CRM-Systeme der Wirtschaftsförderer übernommen werden.

Auch im Befragungsdesign (vgl. dazu beispielhaft die Abb. 5.3 und 5.4) zeigen sich die Potenziale von Online – Befragungen. Die übersichtliche Darstellung der Fragen auf jeweils einer Seite und die Einbindung von aussagekräftigen visuellen Elementen oder Bildern bieten gestalterische Vorteile gegenüber einem schriftlichen Fragebogen, der 4 Seiten nicht überschreiten sollte. Im Vergleich zu reinen schriftlichen Befragungen lassen sich folgende Muster beim Ausfüllen der Online-Fragebögen erkennen:

- Es gibt einen niedrigeren Ausfüllungsgrad.
- Oft werden die letzten Fragen nicht mehr ausgefüllt. Das legt die Vermutung nahe, dass nach Unterbrechungen oder Störungen der Fragebogen nicht weiter bearbeitet oder nicht wieder geöffnet wird.

Online-Befragungen dürften somit zukünftig ein wichtiges Instrument zur Ermittlung der Unternehmenswünsche werden. Ob mit diesem Instrumentarium allein zukünftig jedoch auch die Rücklaufquoten gegenüber den klassischen schriftlichen Befragungen gesteigert werden können, bleibt unsicher. Die Flexibilität der Wirtschaftsförderung bei der Gestaltung

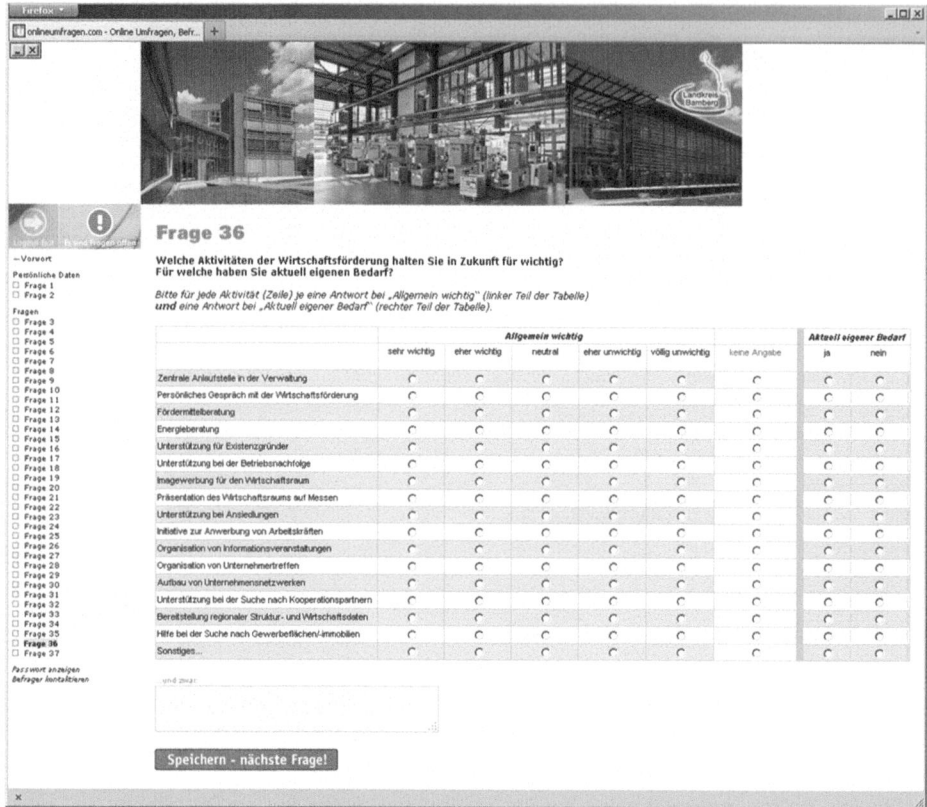

Abb. 5.4 Instrument der Online-Befragung 2

von Fragebögen und der Organisation der Durchführung von Unternehmensbefragungen wird deutlich erhöht. Auch der Aufwand für das gesamte Informationsmanagement und die Einbindung der Ergebnisse in das CRM wird verringert.

5.3 Social Media

Mit den neuen Informationstechnologien werden neue Möglichkeiten geschaffen, den Unternehmen öffentliche Dienstleistungen noch näher zu bringen (Stichwort: E-Government) und die Transparenz von Politik und Verwaltung gegenüber Bürgern und Unternehmen zu verbessern.[1] Die ersten Bemühungen der Kommunen (allgemeine Internetpräsenz mit eigener Homepage sowie die reine Präsentation von Flächen- und Unternehmensdaten) wurden

---

[1] Zwicker-Schwarm, Daniel et al., Kommunale Wirtschaftsförderung 2012: Strukturen, Handlungsfelder, Perspektiven, S. 25.

5.3 Social Media

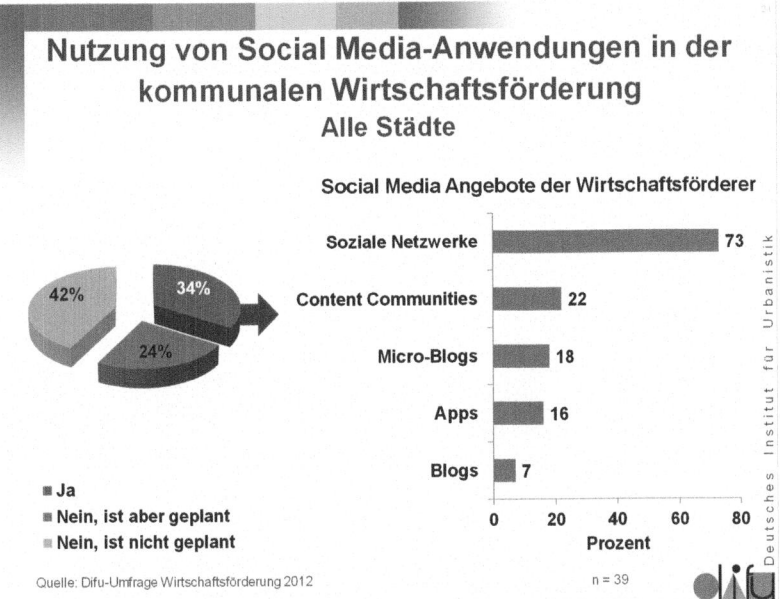

Abb. 5.5 Nutzung von Social Media-Anwendungen in der kommunalen Wirtschaftsförderung; Zwicker-Schwarm, Daniel, 2013, S. 26

schnell durch interaktive Möglichkeiten zur Datenaktualisierung durch die beteiligten Akteure erweitert (vgl. dazu die Beschreibungen oben).

Gegenwärtig finden die neuen Ansätze zur Nutzung von Social-Media-Anwendungen Eingang in die kommunale Wirtschaftsförderung. Für die Wirtschaftsförderung bieten diese neuen Anwendungen (als Beispiele seien Facebook, Twitter, Youtube und Apps genannt) Chancen für eine intensivere Kommunikation mit den Zielgruppen, für das Standortmarketing und für die Vernetzung mit Projektpartnern.[2] Im Rahmen seiner Studie „Kommunale Wirtschaftsförderung 2012" hat Zwicker-Schwarm die Wirtschaftsförderer nach ihrer Nutzung von Social Media befragt.

Dabei stellte sich heraus, dass von 135 an der Befragung teilnehmenden Städten lediglich 34 % die Frage nach einer Nutzung von Social Media mit „Ja" beantwortet haben. 24 % planen zumindest den Einsatz dieser Instrumente, bei weiteren 42 % steht dieses Thema noch nicht im Fokus der Wirtschaftsförderung. Von den 39 antwortenden Einrichtungen der Wirtschaftsförderung haben drei Viertel angegeben, dass sie Soziale Netzwerke nutzen (vgl. Abb. 5.5). Die Nutzung ist in Großstädten relativ gesehen häufiger als in kleineren Städten und in Wirtschaftsförderungsgesellschaften häufiger als in den „Ämtern".

Nicht alle Angebote werden von der Wirtschaftsförderung selbst bereitgestellt, oft handelt es sich auch um ein Angebot der Kommune insgesamt (vgl. dazu Abb. 5.6). Zusätzlich

---

[2] ebenda.

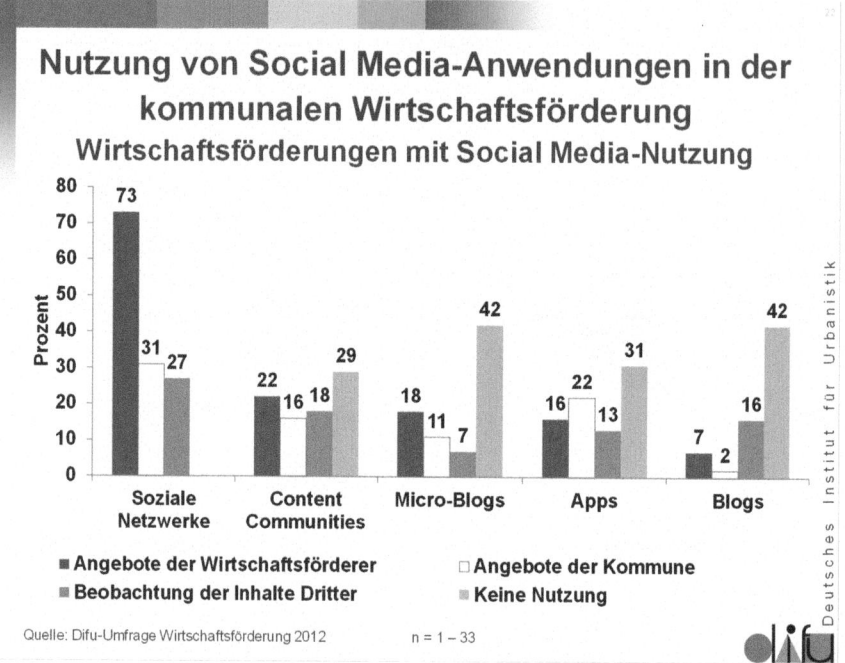

Abb. 5.6 Nutzung von Social Media-Anwendungen und Grad der Interaktion; Zwicker-Schwarm, Daniel, 2013, S. 27

zu der bisher relativ geringen Nutzung von Social Media fällt auf, dass selbst bei einem Einsatz dieser Instrumente die Interaktion eine noch geringere Rolle spielt. Nur ein jeweils kleiner Anteil der Anbieter gab an, bei sozialen Netzwerken wie Facebook ein Drittel und bei Micro-Blogs wie Twitter sogar nur 7 Prozent, die Inhalte und Eingaben Dritter zu beobachten.

Die Haupteinsatzgebiete der Social-Media-Instrumente liegen in der Informationsbereitstellung (z. B. über Veranstaltungen oder Aktivitäten der Wirtschaftsförderung), bei der Betreuung von Unternehmensnetzwerken, im Standortmarketing oder bei der Fachkräfteakquise.[3] Die Einschätzungen zu den Chancen, die sich aus einer Nutzung bzw. Bereitstellung von Instrumenten der Social Media ergeben können, fallen sehr unterschiedlich aus (vgl. dazu auch Abb. 5.7). Neben den Vorteilen, insbesondere bei der Erreichung neuer Zielgruppen (Jugendliche und junge Erwachsene) und durch die deutliche zeitliche Beschleunigung bei der Erreichbarkeit der Kooperationspartner, müssen die Risiken und Nachteile betont werden:

---

[3] Vgl. Zwicker-Schwarm, a.a.O., S. 27.

5.3 Social Media

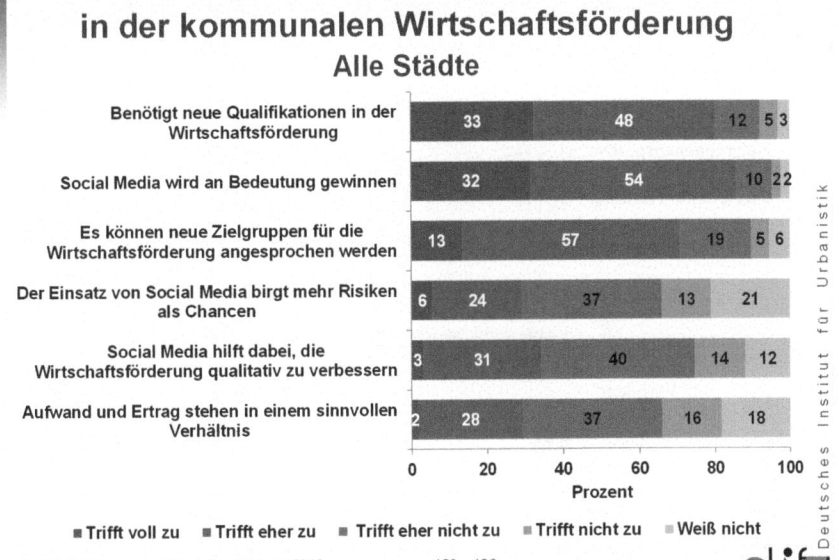

Abb. 5.7 Einschätzung zu Social Media-Anwendungen in der kommunalen Wirtschaftsförderung; Zwicker-Schwarm, Daniel, 2013, S. 28

- Die Bereitstellung von Informationen muss stets mit einem aktuellen Datenbestand erfolgen.
- Es werden hohe Maßstäbe an den Datenschutz zu stellen sein.
- Die Wirtschaftsförderung muss sicherstellen, dass Kontaktanfragen oder andere Mitteilungen über das Soziale Netzwerk zeitnah beantwortet werden.
- Die Qualifikationsanforderungen an die Wirtschaftsförderer erhöhen sich.

Aus diesen Gründen gelangt Zwicker-Schwarm bei seiner Umfrage zu dem Ergebnis, dass über die Hälfte der insgesamt befragten Wirtschaftsförderungseinrichtungen den Standpunkt vertritt, dass Aufwand und Nutzen dieser Instrumente nicht in einem sinnvollen Verhältnis zueinander stehen.

Einen sehr guten Überblick über die Definition des Begriffs „Social Media" („moderne Informationsträger und Publikationsmöglichkeiten innerhalb des Internets") und der Instrumente in diesem Bereich findet man in der Studie von Göbel und Reichert.[4] Sie

---

[4] Göbel, André/Reichert, Nadine: Einsatz von Social Media Instrumenten in der kommunalen Wirtschaftsförderung, Wifö-Wissen, Schriften zur Wirtschaftsförderung des Fachbereichs Verwaltungswissenschaften der Hochschule Harz, Band 3, Halberstadt 2012.

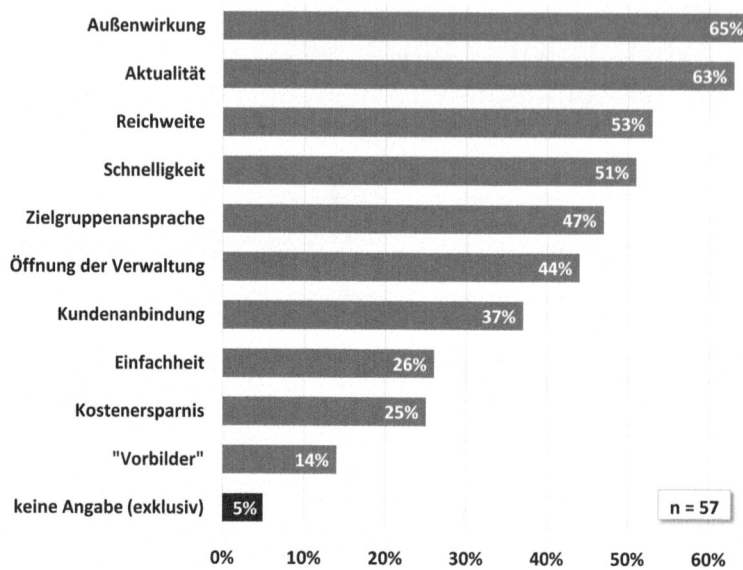

Abb. 5.8 Motivation zum Einsatz von Social Media-Anwendungen in der Wirtschaftsförderung; Göbel, André/Reichert, Nadine, Einsatz von Social Media Instrumenten in der kommunalen Wirtschaftsförderung, S. 22

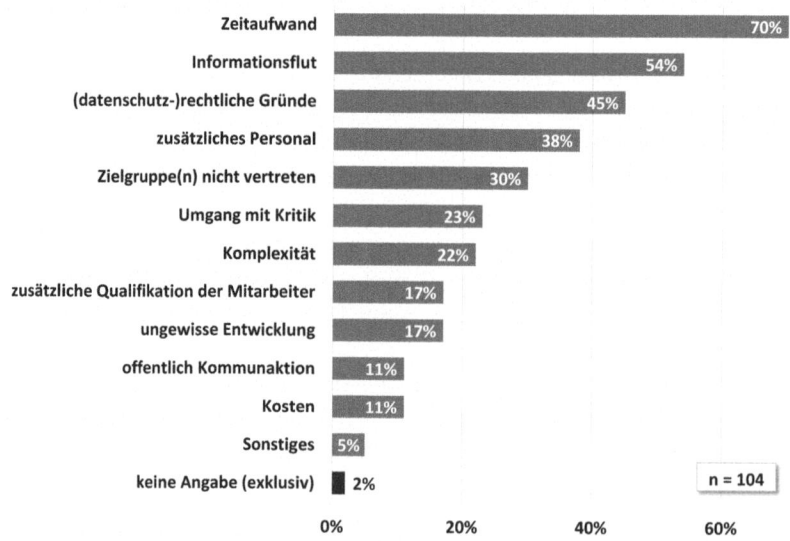

Abb. 5.9 Hinderungsgründe gegen einen Einsatz von Social Media; Göbel, André/Reichert, Nadine, Einsatz von Social Media Instrumenten in der kommunalen Wirtschaftsförderung, S. 45

streichen die Bedeutung eines Social Media Marketing heraus, um die Attraktivität eines Wirtschaftsstandorts zu stärken. Über eine Befragung zum Einsatz von Social Media in der Wirtschaftsförderung, an der 104 Einrichtungen teilgenommen haben, sollte die praktische Bedeutung dieses Instrumentariums ermittelt werden. Lediglich 20 Prozent der antwortenden Einrichtungen halten den Einsatz von sozialen Medien in der Wirtschaftsförderung für weniger wichtig oder unwichtig. Beim konkreten Einsatz von sozialen Medien sind die Ergebnisse aber fast identisch zur Befragung bei Zwicker-Schwarm: 29 Prozent setzen Social Media als Marketinginstrument der Wirtschaftsförderung ein, 26 Prozent planen den Einsatz und 44 Prozent sehen noch keinen Einsatz vor.

Die Erwartungen, die mit dem Einsatz von Social Media Instrumenten verbunden werden, sind in Abb. 5.8 dargestellt. Vor allem die Außenwirkung und die Aktualität werden als wichtigste Motivation gesehen. Damit wird aber gleichzeitig ausgedrückt, dass die Ansprüche an die Aktivitäten der Wirtschaftsförderer deutlich gesteigert werden. Wenn diese Instrumente eingesetzt werden, erfordern sie eine ständige Aktualisierung und Kommunikation, um nicht das Vertrauen der Kunden in die Dienstleistungsorientierung zu beschädigen, weil beispielsweise keine Antworten oder Reaktionen auf eine Kontaktanfrage erfolgen.

Mit diesen neuen Instrumenten wird der Anspruch an personelle, finanzielle und zeitliche Kapazitäten der Wirtschaftsförderung weiter erhöht. Unter diesen Aspekten werden auch die vielfältigen Hinderungsgründe verständlich, die von den befragten Institutionen als Argumente gegen einen Einsatz von Social Media angeführt wurden (vgl. Abb. 5.9).

5.4 Businessportale

Als ähnliches Beispiel für die Anwendung sozialer Netzwerke soll hier kurz die mögliche Nutzung von Businessportalen angesprochen werden. Eine klare begriffliche Trennung zwischen sozialen (privaten) Netzwerken und geschäftlichen Netzwerken (Businessportalen) ist nicht vorhanden. Die Nutzung von Businessportalen wie XING oder LinkedIn durch Wirtschaftsförderer erfolgt insbesondere, um eine effizientere Kundenansprache zu erreichen.[5] Wie bereits mehrfach erwähnt bieten die Möglichkeiten des Web 2.0 neue Ansatzpunkte für die Unternehmensansprache sowie zum Standortmarketing. Gleichzeitig besteht ein Interesse der Nutzer von Businessportalen auch darin, von anderen Personen gefunden zu werden. Die Erstellung eines aussagekräftigen eigenen Profils (berufliche Qualifikation, besondere Interessen und Kompetenzen, Ansatzpunkte für einen Dialog) wird eine wichtige Voraussetzung für diesen Nutzungszweck sein. Nur durch die Auflistung

---

[5] Zu den Anwendungsmöglichkeiten für die Wirtschaftsförderung vgl. Reitz, Oliver, Nutzung von Businessplattformen für die Kontaktpflege, in: Habbel, Franz-Reinhard/Huber, Andreas, Wirtschaftsförderung 2.0 – Erfolgreiche Strategien der Zusammenarbeit von Wirtschaft, Verwaltung und Politik in Clustern und sozialen Netzwerken, Boizenburg 2010, S. 276–283.

von vielfältigen und interessanten Schlagworten im eigenen Profil wird eine Person aufgrund der internen Suchalgorithmen der Businessportale gefunden werden.[6]

Der Wirtschaftsförderer kann über seine regionalen Kontakte lokal begrenzte Businessplattformen aufbauen, mit denen regionale Veranstaltungen, Netzwerke oder Kooperationsprojekte gesteuert werden können. Der Erfolg dieser Plattformen wird aber wie bei allen Informationssystemen davon abhängen, wie hoch die Bereitschaft der regionalen Akteure zur Datenbereitstellung und -aktualisierung sein wird. Daher muss betont werden, dass die Businessportale lediglich als Ergänzung zur klassischen Kontaktpflege gesehen werden müssen. Den wichtigen persönlichen Kontakt oder die Funktionalitäten eines CRM-Systems zur Dokumentation des Kontaktmanagements werden sie nicht ersetzen können.

Kontroll- und Lernfragen

- Welche Möglichkeiten zur stärkeren Partizipation externer Akteure sind vorhanden?
- Was sind die Vor- und Nachteile eines stärkeren Einsatzes der Instrumente der sozialen Netzwerke?
- Wie können Unternehmensbefragungen genutzt werden, um eine stärkere Kundenorientierung zu erhalten?
- Worin liegen die Chancen von Online-Befragungen?

Literatur

Göbel, A., & Reichert, N. (2012). *Einsatz von Social Media Instrumenten in der kommunalen Wirtschaftsförderung, Wifö-Wissen, Schriften zur Wirtschaftsförderung des Fachbereichs Verwaltungswissenschaften der Hochschule Harz* (Bd. 3). Publikation der Hochschule Harz. Halberstadt.

Habbel, F. R., & Huber, A. (2010). *Wirtschaftsförderung 2.0 – Erfolgreiche Strategien der Zusammenarbeit von Wirtschaft, Verwaltung und Politik in Clustern und sozialen Netzwerken*. Verlag Werner Hülsbusch. Boizenburg.

Zwicker-Schwarm, D., & Hollbach-Grömig, B. C. (2013). *Kommunale Wirtschaftsförderung 2012 – Strukturen, Handlungsfelder, Perspektiven*. Berlin: Difu-Papers.

---

[6] ebenda, S. 279.

6
Baustein 5: Kennziffern der Wirtschaftsförderung

> **Zusammenfassung**
>
> Die Anforderungen an die Wirtschaftsförderung und die Themenvielfalt sind in den letzten Jahren deutlich angestiegen. Vor allem die Rollen der Wirtschaftsförderer als Projekt- und Prozessmanager und als Moderatoren zwischen den Akteuren der Verwaltung und der Unternehmerschaft haben an Bedeutung gewonnen. Diese Aufgabenzunahme ging aber in der Regel einher mit abnehmenden finanziellen und personellen Budgets. Gleichzeitig gibt es verstärkte Überlegungen, anhand von Kennzahlen die Leistungen der Wirtschaftsförderer zu messen.

> **Lernziele**
>
> Mit diesem Baustein soll das Verständnis der Studierenden für die Bedeutung der Informationssysteme im Rahmen der Kennziffernbildung gebildet werden. Mit einer differenzierten Ausgestaltung der CRM-Systeme und konkreten Leitlinien zur Erfassung der täglichen Arbeitsabläufe können beliebige quantitative und qualitative Kennziffern ausgewertet werden. Die Studierenden sollen die Chancen und Probleme der Kennziffernbildung für die Ziele und Bewertung der Wirtschaftsförderungsaktivitäten erlernen und anhand der CRM-Systeme praktisch ableiten können.

6.1   Kennziffern als Ergebnis des Informationsmanagements

Unter der Federführung der KGSt Kommunale Gemeinschaftsstelle für Verwaltungsvereinfachung und der Hochschule Harz wurden zwei Vergleichsringe für größere Städte (zwischen 80.000 und 150.000 Einwohnern) sowie für Landkreise gegründet, in denen die

Erarbeitung von Standards für die Festlegung von Kennziffern für die Wirtschaftsförderung im Vordergrund steht.

Relevant für das Informationsmanagement ist die Anforderung, dass die jährliche Erstellung von Kennziffern keine zusätzliche Aufgabe der Wirtschaftsförderung sein kann oder soll, sondern vielmehr diese Kennzahlen als „Zusatzprodukt" der ohnehin erfolgenden Dokumentation der täglichen Arbeitsabläufe im eingesetzten CRM entstehen. Die Generierung aussagekräftiger Kennzahlen setzt voraus, dass die Arbeitsprozesse und die Ziele der Auswertung im Vorfeld definiert sind.

Die Ermittlung von Kennzahlen mit Hilfe der CRM-Systeme setzt drei wesentliche Grundlagen voraus:

- Die Festlegung der Stammdaten (zur Definition der Arbeitsprozesse oder der Dokumentationsschritte) n den CRM-Systemen muss sich daran orientieren, welche Auswertungen oder Kennzahlen im Ergebnis erzielt werden sollen.
- Die angestrebten Kennzahlen können nur dann gemessen werden, wenn im Rahmen der täglichen Arbeit die entsprechenden Vorgänge und Aktivitäten tatsächlich in den CRM-Systemen dokumentiert worden sind.
- Das Team der Wirtschaftsförderung muss auf ein gemeinsames Datenmanagement „eingeschworen" werden (am besten mit einem verbindlichen Leitfaden), um einheitliche Ergebnisse zu erzielen.

Die Befragung von Zwicker-Schwarm[1] hat ergeben, dass mehr als die Hälfte der Befragten bereits mit Kennzahlen zur Messung der Wirtschaftsförderungsaktivitäten arbeitet. Die hauptsächlichen Zwecke bei der Ermittlung von Kennzahlen bestehen in der Berichterstattung und in der internen Steuerung der Wirtschaftsförderung (vgl. Abb. 6.1). Auch die Bereitstellung der Kennzahlen für eine stadtweite kennzahlengestützte Steuerung spielt eine größere Rolle. Die Befragung hat gleichzeitig gezeigt, dass die Kennzahlenmessung in Großstädten weiter verbreitet ist als in den Städten unter 100.000 Einwohnern und in Wirtschaftsförderungsgesellschaften stärker als bei „Ämterlösungen".

In dieser Unterrichtseinheit soll den Studierenden vermittelt werden, wie beim Einsatz von CRM-Systemen die Stammdaten und Benutzereinstellungen genutzt werden können, um die von der politischen oder der Verwaltungsspitze gewünschten Auswertungen und Kennziffern zu ermitteln. Die Auswertung mittels Kennzahlen kann sich dabei auf folgende Bereiche fokussieren:

- Rein quantitative Messungen (Zahl der Firmenbesuche, Anzahl der Existenzgründungsberatungen, Zahl von Standortbesichtigungen)
- Qualitative Messung der Aktivitäten (erfolgreiche Existenzgründungen, hohe Besucherzahlen bei den von der Wirtschaftsförderung organisierten Veranstaltungen, Zahl der erfolgreichen Vermittlungen von Flächen oder Objekten).

---

[1] Zwicker-Schwarm, Daniel, u. a., Kommunale Wirtschaftsförderung 2012, a.a.O.

6.1 Kennziffern als Ergebnis des Informationsmanagements

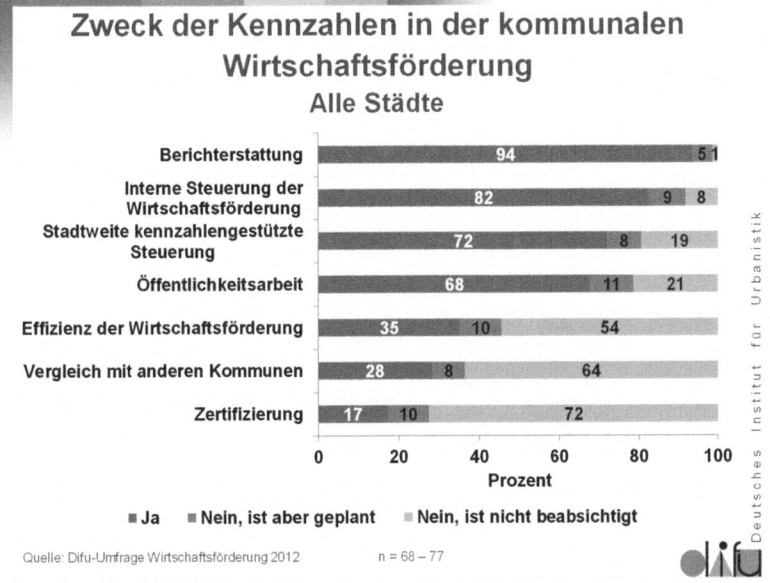

Abb. 6.1 Zweck von Kennzahlen in der Wirtschaftsförderung; Zwicker-Schwarm, Daniel, 2013, S. 17

Die in der Wirtschaftsförderung eingesetzten CRM-Systeme ermöglichen in unterschiedlicher Weise die Auswertung der Wirtschaftsförderungsaktivitäten, wenn sie im Rahmen der täglichen Arbeit erfasst und dokumentiert werden. Abb. 6.2 zeigt beispielhaft einen Überblick über die laufenden Erweiterungsprojekte in einer größeren Wirtschaftsförderungseinrichtung mit Beginn des Projekts, Angaben über Investitionsvolumen, Bearbeiter des Projekts, Anzahl der erhaltenen Arbeitsplätze und Kurzbeschreibung des Vorhabens. Bei dieser Kennzahl handelt es sich in der dargestellten Form zunächst nur um eine quantitative Messgröße. Sie drückt die Zahl der von den Mitarbeitern gleichzeitig zu einem bestimmten Zeitpunkt durchgeführten Projekte mit ausgewählten Kriterien aus und lässt noch keine Schlussfolgerung auf den Erfolg zu. Eine qualitative Kennzahl wird also zusätzlich das tatsächlich realisierte Investitionsvolumen sowie die endgültig erhaltenen Arbeitsplätze liefern müssen. Hierzu vgl. Abb. 6.3 mit einer Auswertung aus einem CRM zur Kennzahl „Anzahl an Ansiedlungen".

Da eine individuelle Erarbeitung von aussagefähigen Kennziffern durch jede Kommune mit einem hohen Aufwand verbunden ist, sind die gemeinsamen Bemühungen der KGSt und der Hochschule Harz, ein standardisiertes Set an Kennziffern in Zusammenarbeit mit Städten und Landkreisen zu erarbeiten, sehr zu begrüßen. Damit wird nicht nur die Arbeit der einzelnen Wirtschaftsförderer vereinfacht, sondern es werden auch die Grundlagen für kommunale Vergleiche gelegt. Darüber hinaus ist den Kommunen zu

Landeshaupstadt Dresden
Amt für Wirtschaftsförderung

Kennzahl 13

laufende Erweiterungsprojekte
Abteilung: 80.2
Zeitraum: März 2013

lfd. Nr.	Unternehmen	Kurzbeschreibung	läuft seit	Bearbeiter	Investitions-volumen in Euro	AP neu geplant
40		Neubau/Sanierung Halle	05.04.2012	Berger, Angelika	9.000.000	17
41		GRW-Antrag Maschinen und Ausrüstungen	26.09.2012	Möckel, Heike	190.082	1
42		Neubau KIB-Fläche Grenzstraße Akenzeichen Bauaufsicht:	08.03.2011	Augsten, Petra	4.950.000	20
43		Ausbau u. Sanierung einer weiteren Halle - Genehmignungsmanagement	14.11.2011	Krüger, Jens	1.700.000	6
44		V. Erweiterung Parkplatz und Bürocontainer	06.03.2013	Fritze-Martin, Simona	250.000	70
45		Abriss und Neubau auf eigenem Firmengelände	05.04.2011	Berger, Angelika	23.500.000	50
46		Erwerb Straßenstumpf Kunzstr.	16.11.2012	Stößel, Monika		
47		Anbau Ladeschleuse an Prod.-Halle mit Aufzug	01.12.2011	Fritze-Martin, Simona	80.000	1
				Summe	164.965.922	784

Datensätze insgesamt: 47

exportiert aus KWIS.net am: 05.04.2013   - Seite 7/8 -

Abb. 6.2 Kennzahl „Anzahl von laufenden Erweiterungsprojekten"

empfehlen, mit einem kleineren Set an Kennziffern zu beginnen, um Erfahrungen zu sammeln und den Erfassungsaufwand zunächst gering zu halten.

Neben der Ermittlung von direkt tätigkeitsorientierten Kennzahlen sollte ebenso eine laufende Überprüfung der Kundenzufriedenheit im Blickpunkt der Wirtschaftsförderung liegen. Da die Angebote und Dienstleistungen der Wirtschaftsförderung stets auf die Anforderungen der ansässigen Betriebe ausgerichtet werden sollten, müssen das Angebotsspektrum und die Inanspruchnahme dieser Dienstleistungen durch die ansässigen Betriebe in bestimmten Zeitabständen einer Bewertung unterzogen werden. Dabei sollte auch die Zufriedenheit der Unternehmen mit der Kompetenz und Kundenorientierung erfragt werden. Mit der Abb. 6.4 wird ein entsprechendes Ergebnis einer Unternehmensbefragung mit dieser Überprüfung dargestellt. Dabei zeigt sich, dass in diesem konkreten Beispiel bei 3 im Zeitabstand von 5 Jahren durchgeführten Befragungen die Zufriedenheit der Betriebe mit den Leistungen der Wirtschaftsförderer insbesondere nach der ersten Befragung sehr stark gestiegen ist. Wenn die Befragungsergebnisse nach der Befragung in ein CRM-System übernommen werden, können anschließend alle Unternehmen (über Serien-E-Mail oder persönlich) kontaktiert werden, die unzufrieden mit den Leistungen waren.

6.1 Kennziffern als Ergebnis des Informationsmanagements

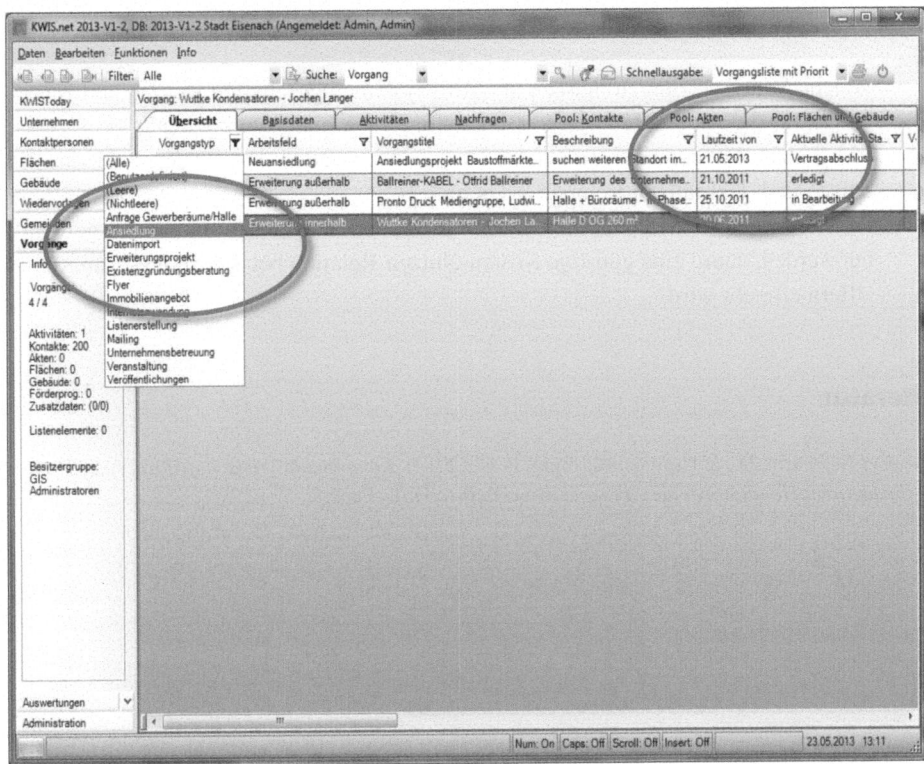

Abb. 6.3 Kennzahl „Ansiedlungen in einem Zeitraum"

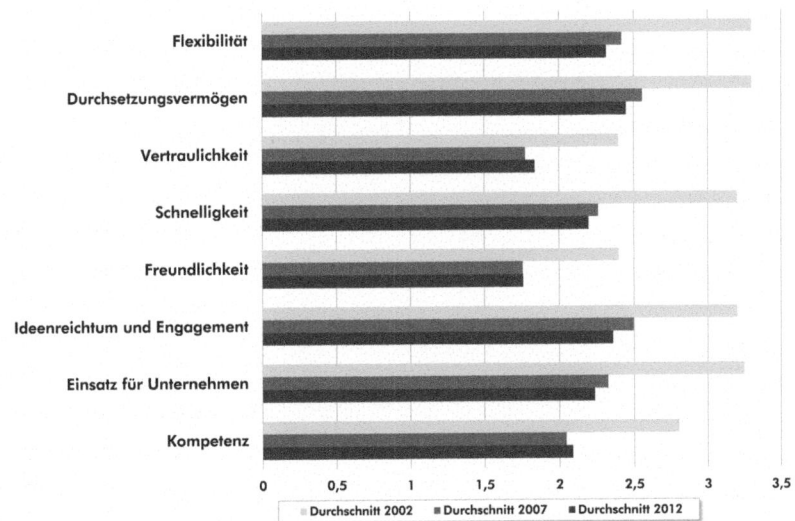

Abb. 6.4 Bewertung der Kundenzufriedenheit

> **Kontroll- und Lernfragen**

- Welche Voraussetzungen müssen in CRM-Systemen geschaffen werden, um Kennziffern für die Aktivitäten der Wirtschaftsförderung bilden zu können?
- Wie können Informationssysteme zu einer differenzierten Auswertung nach quantitativen und qualitativen Kennziffern beitragen?
- Welche (organisatorischen und technischen) Rahmenbedingungen müssen geschaffen werden, damit eine günstige Kosten-Nutzen-Relation bei der Bildung von Kennziffern erreicht wird.

Literatur

Zwicker-Schwarm, D., & Hollbach-Grömig, B. C. (2013). *Kommunale Wirtschaftsförderung 2012 – Strukturen, Handlungsfelder, Perspektiven.* Berlin: Difu- Papers.

Baustein 6: Verbindung mit anderen Programmen/Informationssystemen in der Verwaltung

7

> **Lernziele**
> Mit diesem Baustein sollen kurz die Möglichkeiten und Probleme vermittelt werden, die aufgrund der Nutzung von fachspezifischen Anwendungsprogrammen in anderen Verwaltungsbereichen gegeben sind. Es soll verdeutlicht werden, dass trotz der Chancen zu einem gemeinsamen Informationsmanagement die Kooperationen zum Datenaustausch zwischen verschiedenen Fachämtern noch zu gering ausgeprägt sind. Die Studierenden lernen die Schwierigkeiten des ämterübergreifenden Informationsaustauschs kennen.

7.1 Geographische Informationssysteme

Unter geographischen Informationssystemen (GIS) versteht man Werkzeuge, die eine Darstellung, Analyse und Bearbeitung räumlicher Daten ermöglichen. Für die Wirtschaftsförderung sind sie insbesondere interessant, da über sie beispielsweise ein Zugriff auf die Informationen anderer Ämter in der Verwaltung oder auf wirtschaftlich relevante Daten anderer Akteure in der Region eingerichtet werden kann.

Die rasante Entwicklung der Informationstechnologie und die Steigerung der vielfältigen Nutzungsmöglichkeiten zeigen sich intensiv auch in diesem Bereich. Während in den Anfängen proprietäre (urhebergeschützte) Systeme und Einzellösungen („Insellösungen") in der Anwendung dominierten, hat sich die „GIS-Landschaft" in den letzten Jahren deutlich verändert (einen Überblick dazu vermittelt die Abb. 7.1). Mittlerweile überwiegen

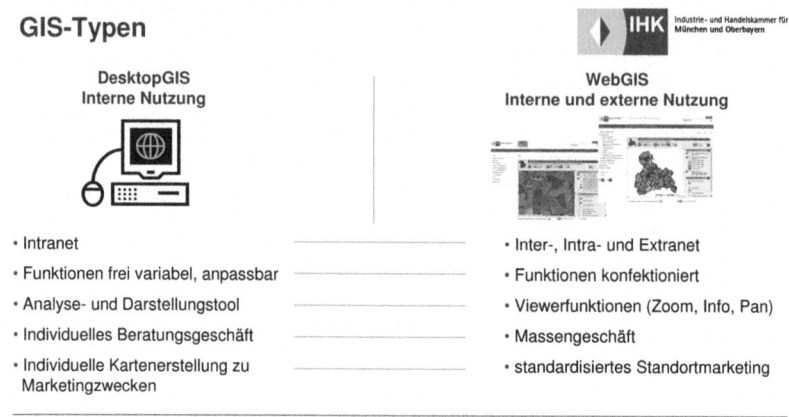

Abb. 7.1 Typen von GIS-Systemen; Wippersteg, Rebecca, Wirtschaftsförderung und Standortmarketing mit Geodaten, 13. IHK-Symposium, Wirtschaftsförderung für Kommunen, München 2011

WebGIS-Anwendungen, Open Source Lösungen und der Aufbau von Geodateninfrastrukturen (GDI).[1]

Mit letzteren werden komplexe Netzwerke zum Austausch von Geodaten gekennzeichnet. In diesen sind Geodaten-Produzenten, Dienstleister im Geo-Bereich sowie Geodatennutzer über ein physisches Datennetz, in der Regel das Internet, miteinander verknüpft. Mit einer Geodateninfrastruktur können räumliche und hierarchische Ebenen abgebildet werden. Mit den Netzwerkstrukturen wird ein aufgaben- oder fachübergreifender Austausch von Geodaten ermöglicht.

Durch das Geodatenzugangsgesetz von 2009 wird die Grundlage dafür gelegt, dass im „Bundesbesitz" sich befindende Geodaten offen gelegt werden sollen. Dies hat zu einer Fülle von Portalen geführt, auf denen Geodaten angesehen und für eigene Anwendungen zur Verfügung gestellt werden können (z. B. für Hessen: http://www.geoportal.hessen.de/irj/Geoportal_Internet).

Bei den dort verwendeten Karten handelt es sich häufig nur um topographische Karten mit der Ergänzung um umweltbezogene Themen (Bsp: „Hessenviewer").

Im Einzelfall werden diese geographische „Grunddaten" noch um inhaltliche Ebenen ergänzt. Ein Beispiel hierfür ist im „Regionalatlas" der Statistischen Ämter des Bundes und der Länder zu sehen. Diese beiden Beispiele werden auf der kommenden Seite dargestellt (Abb. 7.2 und 7.3).

---

[1] Einen guten und verständlichen Überblick über die verschiedenen Ausprägungen von Geographischen Informationssystemen liefert Kappas, Martin, Geographische Informationssysteme, 2. Auflage, Braunschweig 2012.

7.1 Geographische Informationssysteme

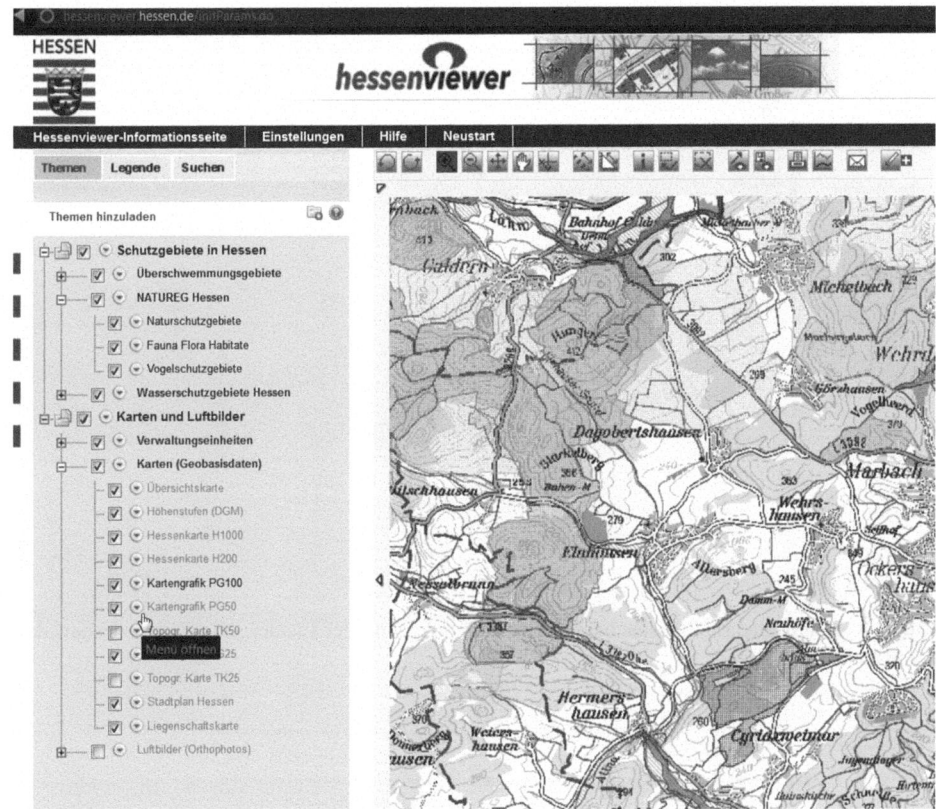

Abb. 7.2 Hessenviewer mit umweltbezogenen Daten; http://www.geoportal.hessen.de/irj/Geoportal_Internet bzw. http://hessenviewer.hessen.de

Darüber hinaus kann ein GIS-System auch zum „Standortmarketing" verwendet werden. Hier werden in der Regel freie Gewerbegebiete, Grundstücke, Gebäude oder Unternehmen in einer Karte präsentiert. Die Verknüpfung in der Karte über verschiedene Ebenen, z. B. zu den Geltungsbereichen von B-Plänen, Erschließungsmöglichkeiten oder Unternehmen einer bestimmten Branche, soll für potenzielle Investoren als „Standortatlas" eine unter Umständen schon kleinräumige Bewertung des Standortes ermöglichen (z. B. „RAPIS"; „SISBY", „ruhrAGIS"). Als „Service" können dann schon weitere Angaben (z. B. B-Pläne) hinterlegt und verlinkt werden (Abb. 7.4 und 7.5).

Für die Wirtschaftsförderung werden nicht die konkrete Anwendung von GIS-Systemen und die Bearbeitung von Daten im Mittelpunkt ihrer Tätigkeit stehen (vgl. zu den Möglichkeiten Abb. 7.6).[2] Es werden vielmehr Kenntnisse darüber erworben werden

---

[2] Als Überblick zu den Möglichkeiten von GIS-Systemen für die Wirtschaftsförderung siehe Wippersteg, Rebecca: Wirtschaftsförderung und Standortmarketing mit Geodaten, 13. IHK-Symposium, Wirtschaftsförderung für Kommunen, München 2011.

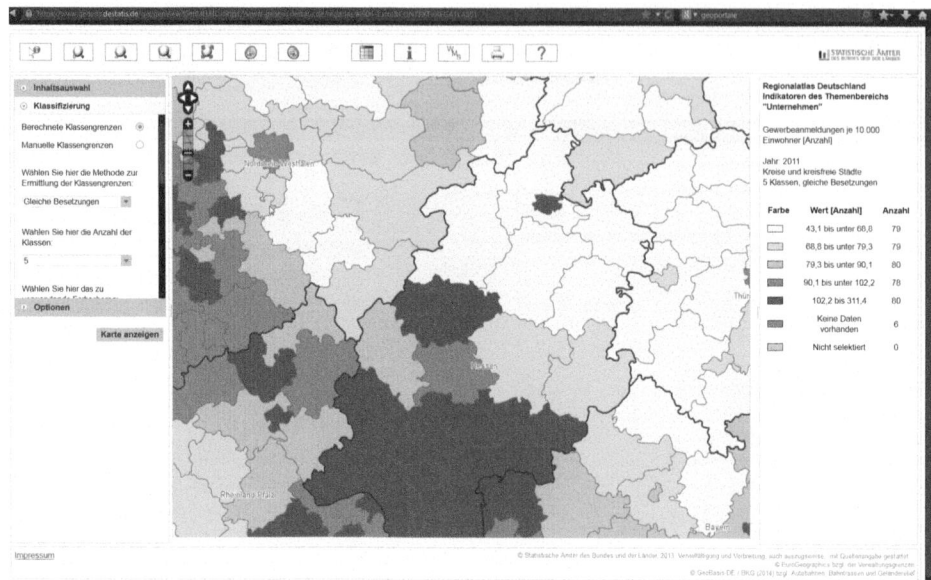

Abb. 7.3 Regionalatlas; Statistische Ämter des Bundes und der Länder: http://www.destatis.de/regionalatlas

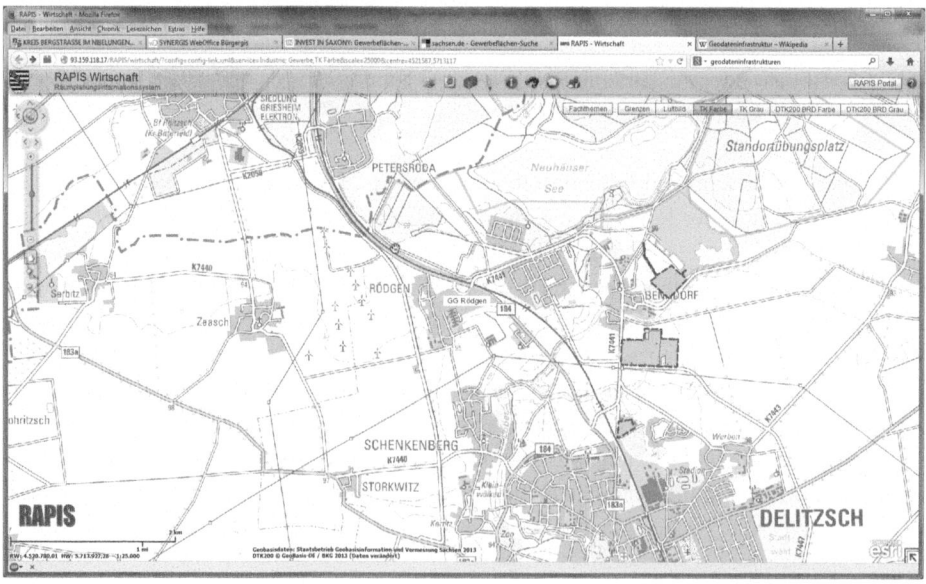

Abb. 7.4 Verknüpfung von Flächendaten mit einem GIS-System; Internet-Flächendatenbank des Freistaats Sachsen: http://93.159.118.17/RAPIS/wirtschaft/?config=config-link.xml&service=Industrie;%20Gewerbe,TK%20Farbe&scale=25000&centre=4521587,5713117

Abb. 7.5 Flächenlösung des Freistaats Bayern; http://www.sisby.de/de/Gewerbeflaeche/flaeche_details.jsp?id=2541&kiGkz=09571111#!prettyPhoto -->«Zur interaktiven Karte Gewerbegebiet»

müssen, wie man diese Systeme zur Visualisierung wichtiger wirtschaftsrelevanter Daten nutzen kann. Anhand verschiedener Beispiele aus der Arbeit von Wirtschaftsförderungseinrichtungen soll der hohe Nutzen für das Standortmarketing und die aussagekräftige Verknüpfung unterschiedlicher Datenbanken demonstriert werden.

7.2 Ansätze von ämterübergreifenden Informationssystemen

In den vergangenen Jahren sind eine Reihe von Projekten durchgeführt worden, deren Ziel darin bestand, das Informationsmanagement in Verwaltungen stärker zu bündeln. Konkret sollten gemeinsame ämterübergreifende Informationssysteme genutzt werden oder Schnittstellen zwischen den Fachanwendungen unterschiedlicher Abteilungen geschaffen werden, um das Datenmanagement kostengünstiger und effizienter gestalten zu können.

Diese Überlegungen waren für die Wirtschaftsförderung reizvoll, da eine Reihe weiterer Ämter in der Verwaltung (Bauamt, Liegenschaftsamt, Gewerbeamt, Umweltamt, Kämmerei, Stadtmarketing,...) sich um die Unternehmensbetreuung kümmert. Es war zu hoffen, dass sich bei erfolgreicher Umsetzung dieser Projekte der Aufwand für die Pflege und

Wirtschaftsförderung und kommunales Standortmarketing mit Hilfe von Geo-Informationen

- Gestaltung der Standortbedingungen vor Ort und Steigerung der Standortattraktivität durch die Kommunen und Landkreise
- Unternehmerische Standortentscheidungen benötigen Transparenz für eine Fülle raumbezogener Themen
  → z.B: Standortverfügbarkeit oder Bebaubarkeit
- Geo-Informationen stellen hierbei ein ausgezeichnetes Werkzeug zur Beratung und Unterstützung der Unternehmen dar

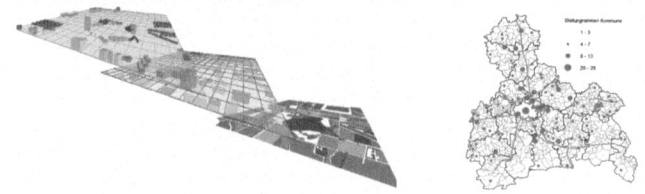

Rebecca Wippersteg · Referentin für Standortberatung, Statistik, Raum- und Bauleitplanung

Abb. 7.6 Wirtschaftsförderung mit Hilfe von Geo-Informationen; Wippersteg, Rebecca, Wirtschaftsförderung und Standortmarketing mit Geodaten, 13. IHK-Symposium, Wirtschaftsförderung für Kommunen, München 2011

Aktualisierung von Unternehmensdaten deutlich reduzieren lassen könnte, wenn auch andere Ämter sich entsprechend an der Datenpflege beteiligen würden. Diese Hoffnungen der Wirtschaftsförderung haben sich weitestgehend zerschlagen.[3] Dafür können eine Reihe von Gründen angeführt werden:

- Starker Fachbezug der verschiedenen Anwendungsprogramme. Die in den verschiedenen Ämtern genutzten Informationssysteme sind meist auf die spezifischen Anforderungen der Fachämter ausgerichtet und sollen dabei die entsprechenden Workflows abbilden. Die gemeinsame Nutzung von bestimmten Grunddaten ist dabei nicht vorgesehen. Dieses Dilemma zeigt sich allein schon im eigentlich sehr vorteilhaften Datenaustausch zwischen Gewerbeamt und Wirtschaftsförderung. In vielen Fällen wird schon ein inhaltlich beschränkter Austausch von Unternehmens(stamm)daten vom Gewerbeamt an die Wirtschaftsförderung abgelehnt, da die hoheitliche Pflichtaufgabe der Gewerbean-, -ab- und -ummeldung Informationsmerkmale umfasst, die nicht an die (freiwillige Aufgaben erfüllende) Wirtschaftsförderung weitergegeben werden dürfen.
- Berufung auf den Datenschutz. Oftmals wird selbst ein begrenzter Informationsaustausch zwischen Fachanwendungen unter dem Hinweis auf den Datenschutz behindert,

---

[3] Zu dieser Problematik vgl. auch Hansjürgens, Bernd/Bunde, Jürgen/Kneer, Georg: Kommunale Umweltberichterstattung und nachhaltige Entwicklung – Stand, Probleme, Handlungsempfehlungen, in: Zeitschrift für angewandte Umweltforschung (ZAU), Jg. 13 (2000), Heft ¾, S. 341–356.

wenn postuliert wird, dass die Anwendungen auch Informationsinhalte enthalten, die schützenswert sind.
- Personelle Engpässe. Ein nicht zu vernachlässigender Faktor für die mangelnde Kommunikation zwischen den Ämtern sind häufig die mangelnden personellen Kapazitäten. Für den – in der Regel zusätzlichen – Aufwand des Informationsaustauschs bestehen keine Kapazitäten mehr, wenn die Mitarbeiter mit der Bearbeitung ihrer Fachanwendungen ausgelastet sind.
- Ungewünschte Transparenz. Ein häufig genannter Hinderungsgrund zur ämterübergreifenden Informationszusammenarbeit besteht in der Furcht vor einer zu großen Transparenz. Mit einer gemeinsamen Nutzung von Daten oder Softwareprogrammen wird immer auch die (oft mangelnde) Intensität der jeweiligen Datenpflege für alle beteiligten Ämter offenkundig.
- Informationsmanagement als „Machtinstrument". Nicht zuletzt halten Verwaltungsbereiche auch an den gewohnten Strukturen des solitären Informationsmanagements fest, um ihre „Macht" zu erhalten. Der alleinige Besitz bestimmter Informationen sichert in vielen Fällen zumindest die Bedeutung und den Erhalt des eigenen Arbeitsplatzes zu.
- Hohe Komplexität der Anwendungsprogramme. Aufgrund der Komplexität der verschiedenen Fachanwendungen würden in gleicher Weise hohe Anforderungen an die Kompetenzen der Mitarbeiter gestellt sein, die sich mit der erforderlichen Bildung von Schnittstellen und der entsprechenden Erstellung von Pflichtenheften zur Regelung des Datenaustauschs beschäftigen müssten.

Zukünftig sind daher organisatorische und institutionelle Voraussetzungen dafür zu schaffen, dass eine gemeinsame Nutzung von ämterübergreifenden Informationssystemen oder zumindest der Datenaustausch über Schnittstellen möglich wird. Die Kosteneinsparpotenziale und die Zunahmen an Informationsgehalt sind so hoch, dass der erforderliche Aufwand (selbst bei einer notwendigen Einbindung von IT-Experten oder -Dienstleistern) an Bedeutung verliert.

Kontroll- und Lernfragen

- Wo liegen die Chancen für eine ämterübergreifende Informationspolitik?
- Welche Gründe können dafür angeführt werden, dass sich der Informationsaustausch innerhalb von Verwaltungen noch nicht durchgesetzt hat?

Literatur

Hansjürgens, B., Bunde, J., & Kneer, G. (2000). Kommunale Umweltberichterstattung und nachhaltige Entwicklung – Stand, Probleme, Handlungsempfehlungen. *Zeitschrift für angewandte Umweltforschung (ZAU), 13*(3/4), 341–356.

Wippersteg, R. (2011). *Wirtschaftsförderung und Standortmarketing mit Geodaten*. München.

Baustein 7: Regionale Wissensmanagementsysteme

> Mit diesem Baustein soll ein kurzer Überblick über mögliche zukünftige Ansätze und Entwicklungen gegeben werden. Der Ansatz der regionalen Wissensmanagementsysteme geht über die Informationssysteme hinaus, da er stark vom Engagement der Akteure und dem gezielten Wissensaustausch ausgeht. Als ein Beispiel, das in diese Richtung geht, kann der Aufbau der Wissensregion FrankfurtRheinMain angesehen werden, der von der IHK Frankfurt am Main, der Wirtschaftsinitiative FrankfurtRheinMain und dem Institut für Neue Medien initiiert worden ist.

Mit dem Wissensatlas (http://www.wissensportal-frankfurtrheinmain.de/fileupload/dateien/Wissensatlas_2012.pdf) wird ein regionaler Überblick

- über die Stärken der Region,
- über die Studenten und deren Herkunftsländer sowie Stiftungsstühle, internationale Messen, Gründerzentren und Technologieparks sowie
- über wichtige Indikatoren aus den Bereichen wirtschaftliche Situation, Leben und Arbeiten in einer attraktiven Region, Exzellenz in Lehre und Bildung, Vernetzung von Wirtschaft, Wissenschaft und Kultur sowie Innovationskraft gegeben.

Die Ziele dieser Initiative bestehen in der Weiterentwicklung des international sichtbaren Profils, der Organisation länderübergreifender Plattformen für Wirtschaft, Wissenschaft und Politik und der Bündelung von Netzwerken. 370 Repräsentanten aus Politik, Unternehmen, Hochschulen und Institutionen aus der Region haben die Erklärung zum Beitritt zur Wissensregion unterschrieben, mit der diese Ziele erreicht werden sollen.

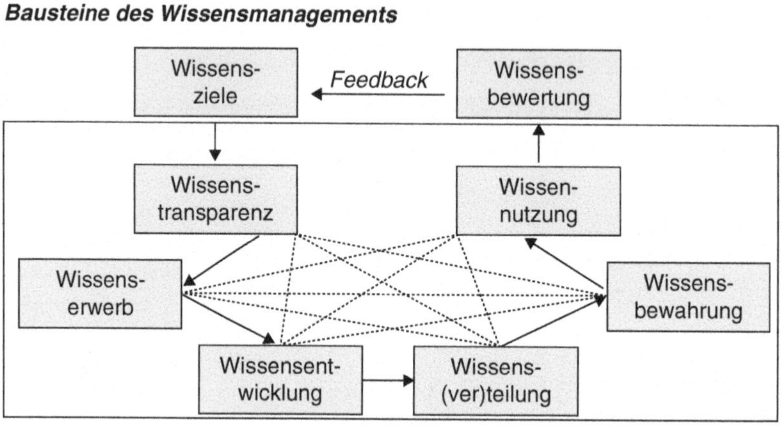

Bausteine des Wissensmanagements

Abb. 8.1 Elemente des Wissensmanagements; Romhardt, Kai, Die Organisation aus der Wissensperspektive, 1998

Auch wenn dieser Wissensatlas bereits ein wichtiger Schritt auf dem Weg zu einem Regionalen Wissensmanagement darstellt, müssen insbesondere wichtige Schritte zur stärkeren Partizipation der Akteure und des Informationsaustauschs folgen. Inhalte eines regionalen Wissensmanagementsystems sollten die folgenden Bausteine sein:

- Bereitstellung eines Informationssystems zur Darstellung der lokalen und regionalen Akteure (Produkte, Dienstleistungen, Tätigkeitsbeschreibung).
- Systematische und zielorientierte Ermittlung der potenziellen Wissensträger (Unternehmen, Institutionen, Verbände, usw.). Bei beiden Bausteinen sollte die Möglichkeit gegeben sein, dass die Akteure ihre Daten und Merkmale selbst aktualisieren und fortschreiben können.
- Aufbereitung und Bereitstellung der Wissens-Angebote für Zielgruppen und Prozess-Beteiligte,
- Ermittlung von Wissens-Bedarfen der regionalen Akteure.

Mit der Abb. 8.1 wird ein Eindruck vermittelt, welche Elemente bzw. Bausteine für ein regionales Wissensmanagement zu berücksichtigen sind. Die wichtigste Aufgabe des Wissensmanagements wird darin bestehen, geeignete Informations- und Kommunikationsstrukturen zu schaffen, um die Entwicklung und das Nutzen von Know-how zu ermöglichen und die Regionale Wertschöpfung zu steigern.[1] Dies beinhaltet nach Meinung von Romhardt auch das Sichtbarmachen von verborgenen Wissenspotenzialen der beteiligten Unternehmen sowie dessen Verknüpfung mit dem Wissen von Kunden. Die Herausforderung des Wissensmanagements in RWPs besteht also nicht nur in der Bereitstellung

---

[1] Vgl. dazu Romhardt, Kai: Die Organisation aus der Wissensperspektive – Möglichkeiten und Grenzen der Intervention, Wiesbaden 1998.

günstiger Rahmenbedingungen für einen Wissensaustausch, sondern auch in der Ermittlung der Wissensanforderungen der regionalen Wissensanforderungen. Aus diesen Gründen wird ein Wissensportal einen sehr starken partizipativen Charakter haben müssen, womit gleichzeitig hohe inhaltliche und technische Anforderungen an die zur Verfügung zu stellenden Systeme verbunden sind.

Literatur

Romhardt, K. (1998). *Die Organisation aus der Wissensperspektive – Möglichkeiten und Grenzen der Intervention*. Springer Fachmedien. Wiesbaden.

Gesamtresümee und Abschlusskontrolle 9

Zusammenfassung

Die kommunale Wirtschaftsförderung steht aufgrund der wirtschaftlichen und gesellschaftlichen Entwicklungen der letzten Jahre vor deutlich gestiegenen Herausforderungen. Die zunehmende Globalisierung der Wirtschaftsprozesse führt dazu, dass die Einflussmöglichkeiten der lokalen und regionalen Wirtschaftsförderungseinrichtungen auf die Entscheidungsprozesse der ansässigen Unternehmen weiter abnehmen. Gleichzeitig haben sich die Standortanforderungen der Unternehmen im letzten Jahrzehnt ebenfalls in hohem Maße geändert. Waren früher harte Standortfaktoren wie Verkehrsanbindung und Flächenverfügbarkeit für die Standortentscheidung die bedeutendsten Faktoren, werden von den Unternehmen heute vor allem die Verfügbarkeit von qualifizierten Arbeitskräften und die Breitbandverfügbarkeit als die mit Abstand wichtigsten Standortfaktoren betont. Beide Faktoren liegen in Tätigkeitsfeldern, die bisher nicht unbedingt zu den klassischen Aufgabenbereichen der Wirtschaftsförderung liegen.

Mit dem vorliegenden Buch wurde aufgezeigt, dass die Wirtschaftsförderung ihr Spektrum der unternehmensorientierten Dienstleistungen immer wieder hinterfragen muss, um ihre Kunden zu erreichen und bei deren Aktivitäten zu unterstützen. Die rasante Entwicklung des Internets und der neuen Technologien (Web 2.0, Social Media, usw.) können die kommunale Wirtschaftsförderung bei diesen Aufgaben unterstützen bzw. sie sogar erst in die Lage versetzen, diese verstärkte Dienstleistungsorientierung zu realisieren und die ihr verbliebenen Einflussmöglichkeiten intensiver zu nutzen:

- Regelmäßige (auch Online-)Unternehmensbefragungen verbessern die Standortbindung der ansässigen Betriebe, schaffen eine höhere Transparenz zu den Anforderungen und Wünschen der Kunden und erlauben darüber hinaus eine Überprüfung der Kundenzufriedenheit mit dem Dienstleistungsangebot der Wirtschaftsförderung.
- Der Aufbau und Betrieb von Internetdatenbanken zu Unternehmen und Gewerbeflächen intensiviert die Zusammenarbeit mit den anderen für die Region bedeutsamen Akteuren und verbessert die Standortwerbung.
- Der Einsatz von CRM-Systemen in den Wirtschaftsförderungseinrichtungen ermöglicht ein professionelles Kontaktmanagement und vereinfacht die gezielte Ansprache der Klienten sowie den Aufbau und die Betreuung von Netzwerken. Gleichzeitig ermöglichen diese Systeme Unterstützung bei den täglichen Arbeitsabläufen und beim Prozessmanagement. Sie bieten weiterhin die Möglichkeit der Berichterstellung und der Auswertung der Wirtschaftsförderungsaktivitäten.
- Mit der gezielten Nutzung von Social Media steigen die Chancen der Wirtschaftsförderung für eine intensivere Kommunikation mit den Zielgruppen, für das Standortmarketing und für die Vernetzung mit ihren Projektpartnern.

Bei aller Begeisterung über diese steigenden Möglichkeiten durch die neuen Technologien muss bedacht werden, dass sich ihre Chancen nur dann nutzen lassen, wenn eine konsequente Einbindung des Informationsmanagements in die Organisationsstrukturen der Wirtschaftsförderungseinrichtungen vorgenommen wird. Informationsmanagement in der Wirtschaftsförderung ist Chefsache und darf nicht auf lediglich einzelne Mitarbeiter oder Teams, sondern muss auf die gesamte Organisation (incl. der Amts- oder Geschäftsleitung) übertragen werden. Die enorme Entwicklung der neuen Technologien stellt gleichzeitig erhöhte Anforderungen an die Kompetenzen des Personals. Alle Mitarbeiter müssen bereit und willens sein, sich auf die neuen Technologien einzustellen und mit ihrer Bereitschaft zu einer (laufenden) Weiterbildung in diesem Bereich dafür einzusetzen, dass ihre Institution als professionelle Einrichtung zur Bereitstellung der von verschiedenen Akteuren gewünschten Informationen zur Region wirken kann.

Die regionale Wettbewerbsfähigkeit wird zukünftig verstärkt von der regionalen Verfügbarkeit an Wissen und von den Kompetenzen der in ihnen handelnden Personen und Unternehmen abhängen. Das Informationsmanagement ist zu professionalisieren, wobei nicht nur die Bereitstellung der Informationen zu verbessern ist, sondern auch die Kommunikation mit den verschiedenen Akteuren intensiviert werden muss. Die Bedeutung der Wirtschaftsförderer als zentrale Wissensvermittler und Moderatoren von Informationsprozessen wird dabei deutlich zunehmen.

Mit diesem Band wurde ein umfassender Überblick über die Informationsbedürfnisse der Wirtschaftsförderung, die Entwicklung der wichtigsten Technologien und über den Einsatz dieser Technologien in der Wirtschaftsförderung gegeben.

9.1 Kontrollfragen

Die folgenden Abschlusskontrollfragen dienen dazu, noch einmal das breite Spektrum des Informationsmanagements in der Wirtschaftsförderung zu reflektieren.

1. Welche Anforderungen an das Informationsmanagement ergeben sich aufgrund des geänderten Aufgabenspektrums der Kommunalen Wirtschaftsförderung?
2. Welche Rahmenbedingungen müssen bei der Einführung von CRM-Systemen in den kommunalen Wirtschaftsförderungen berücksichtigt werden?
3. Beschreiben Sie bitte verschiedene Ansätze im Informationsmanagement, mit denen ein verbesserter Kontakt zu den regionalen Akteuren aufgebaut werden kann.
4. Welche (personellen und organisatorischen) Voraussetzungen müssen in den Wirtschaftsförderungseinrichtungen erfüllt sein, damit ein erfolgreiches Informationsmanagement realisiert werden kann?
5. Beschreiben Sie bitte die Chancen und Risiken für die Wirtschaftsförderung, die sich aus einer verstärkten Nutzung von Social Media ergeben.
6. Welche Anforderungen müssen erfüllt sein, damit CRM-Systeme für eine Abbildung und Auswertung der Prozesse in der Wirtschaftsförderung genutzt werden können?

Weiterführende Literatur

Bunde, J. (2008). Kommunale Wirtschaftsförderung und E-Government. In J. Stember & A. Göbel (Hrsg.), *Verwaltungsmanagement für Unternehmen* (S. 317–336). Berlin.

Göbel, A. (2013). *Kommunalverwaltung und Wirtschaftsförderung als Standortfaktor für Unternehmen*. Berlin.

Kaczorowski, W. (2012). *Wirtschaftsförderung und Soziale Medien*. Vortrag bei der Lecos/VITAKO – Fachtagung in Leipzig.

Stember, J. (2006). Strategische Wirtschaftsförderung – eGovernment, IT- Instrumente und Organisationswandel. In E. A. Gärtner (Hrsg.), *Wirtschaftsförderung im Umbruch* (S. 89–108). München/Mering.

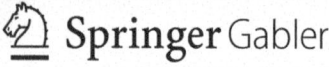

Das Gabler Wirtschaftslexikon – aktuell, kompetent, zuverlässig

Springer Fachmedien Wiesbaden, E. Winter (Hrsg.)
Gabler Wirtschaftslexikon
18., aktualisierte Aufl. 2014. Schuber, bestehend aus 6 Einzelbänden, ca. 3700 S. 300 Abb. In 6 Bänden, nicht einzeln erhältlich. Br.
* € (D) 79,99 | € (A) 82,23 | sFr 100,00
ISBN 978-3-8349-3464-2

- Das Gabler Wirtschaftslexikon vermittelt Ihnen die Fülle verlässlichen Wirtschaftswissens
- Jetzt in der aktualisierten und erweiterten 18. Auflage

Das Gabler Wirtschaftslexikon lässt in den Themenbereichen Betriebswirtschaft, Volkswirtschaft, aber auch Wirtschaftsrecht, Recht und Steuern keine Fragen offen. Denn zum Verständnis der Wirtschaft gehört auch die Kenntnis der vom Staat gesetzten rechtlichen Strukturen und Rahmenbedingungen. Was das Gabler Wirtschaftslexikon seit jeher bietet, ist eine einzigartige Kombination von Begriffen der Wirtschaft und des Rechts. Kürze und Prägnanz gepaart mit der Konzentration auf das Wesentliche zeichnen die Stichworterklärungen dieses Lexikons aus.

Als immer griffbereite „Datenbank" wirtschaftlichen Wissens ist das Gabler Wirtschaftslexikon ein praktisches Nachschlagewerk für Beruf und Studium - jetzt in der 18., aktualisierten und erweiterten Auflage. Aktuell, kompetent und zuverlässig informieren über 180 Fachautoren auf 200 Sachgebieten in über 25.000 Stichwörtern. Darüber hinaus vertiefen mehr als 120 Schwerpunktbeiträge grundlegende Themen.

€ (D) sind gebundene Ladenpreise in Deutschland und enthalten 7% MwSt; € (A) sind gebundene Ladenpreise in Österreich und enthalten 10% MwSt. sFr sind unverbindliche Preisempfehlungen. Preisänderungen und Irrtümer vorbehalten.

Jetzt bestellen: springer-gabler.de